MI CAMINO, LA VIDA, NUESTRAS DECISIONES

Mi camino, la vida, nuestras decisiones
D.R. © 2022 | **Julio Novoa Menchaca**
Primera edición, 2022 | Editorial Shanti Nilaya®
Diseño editorial: Editorial Shanti Nilaya®

ISBN | 978-1-957973-46-3
eBook ISBN | 978-1-957973-47-0

shantinilaya.life/editorial

MI CAMINO, LA VIDA, NUESTRAS DECISIONES

JULIO NOVOA MENCHACA

shanti nilaya
EDITORIAL

Hola.

Te agradezco que hayas adquirido mi libro: Mi camino, la vida, nuestras decisiones. Ahora te pertenece.

Eres una personalización de la vida, una maravillosa persona que busca descubrir su propósito de vida; una persona digna y merecedora de todo lo bueno que te ofrece la generosidad de la vida. También tienes una vida que vivir, un camino que recorrer y decisiones que tomar.

Espero que algunos conceptos y frases te orienten en tu caminar por la vida. Sé humilde y agradecido. Perdónate, perdona y sigue adelante serenamente. La vida tiene su tiempo, su razón de ser, todo está conectado con la mente y sabiduría universal, y tú eres muy importante para que la vida tenga sentido de ser y de hacer.

Camina por la vida, vive plena y libremente, convive con amor, paz, fe, armonía, paciencia, tolerancia y esperanza. Decide lo que consideres sea lo mejor, lo más conveniente... Es tu vida, vívela.

Despierta tus conciencias, ejerce tus inteligencias, facilitará tu caminar por la vida. Al despertar al amanecer y antes de dormir di una oración, te hará sentir excelente.
Cree y confía en el Supremo Creador, en la generosidad de la vida, en ti, en tus semejantes y en los demás seres vivos.

Mi bendición y paz a tu persona. Te deseo lo mejor, especialmente en cada maravilloso amanecer de cada día de tu vida.

Dios Padre te bendiga, Cristo Jesús te acompañe y el Espíritu Santo te ilumine, inspire y guíe tu vida.

Un abrazo.

_____ del año _____.

ÍNDICE

DISTINGUIDO Y AMABLE LECTOR

Te saludo con la mano en mi corazón, con una cálida sonrisa, inclinando la cabeza como muestra de reconocimiento, respeto y humildad.

Te agradezco el que hayas adquirido este mi libro, ahora es tuyo.

Como persona digna y merecedora de todo lo bueno que te ofrece la generosidad de la vida, tienes una vida que vivir, un camino que recorrer y decisiones que tomar. En ese sentido, espero que algunos conceptos y frases que aquí te muestro te orienten en tu peregrinaje por la vida.

Mi amor, bendición y paz a tu persona: te deseo lo mejor de lo mejor, especialmente en cada maravilloso amanecer de cada día de tu vida.

Antes que nada, soy un aprendiz de la vida, luego podría considerarme un aprendiz de escritor.

Hago esta pequeña descripción de mi personalidad porque, por lo general, las descripciones de un escritor son egocéntricas.

Yo Escritor:

Soy una persona como muchas otras, que tiene algo que ofrecerte mediante la palabra escrita. Te lo comparto de corazón.

Tú Lector:

No me juzgues por ser un humano con sus propios defectos, debilidades y limitantes. Soy una personalización de la vida, con sus propias fallas, flaquezas y alcances; sin embargo, también tengo mis inteligencias, talentos y convicciones.

Ve mi Espíritu de escritor, que cree y confía en sí mismo, que desea compartir este libro. Y toma lo que consideres que te puede servir. Lo demás tú lo decides.

Mi proceso de enseñanza y aprendizaje seguirá perfeccionándose, aprendiendo, pues creo que siempre habrá una mejor manera de hacer las cosas, de escribir un buen libro.

Mientras tenga vida, la inspiración seguirá fluyendo para que mi imaginación creativa prosiga creando y yo continúe siendo una persona perfectible que viva y conviva con estabilidad mental y armonía emocional para seguir caminando, viviendo, conviviendo y escribiendo.

Lo que escribimos algunas veces proviene de la inspiración divina; otras, de la creatividad e innovación; unas más, de palabras que fluyen del corazón a causa de lo que sentimos, pensamos, reflexionamos, leemos y vivimos.

Creo que no hay nada en nuestras páginas de la vida que antes no haya estado en la mente universal, de donde emana la sabiduría de los grandes pensadores, para influir en nuestra mente creativa, cuya originalidad personaliza lo que la inspiración de la mente creativa nos hace escribir.

Las palabras fluyen en la mente inspirada del escritor, para escribir lo que le dicta el corazón.

Así lo dijo un aprendiz de escritor después de que la luz de la inspiración lo iluminó para poder escribir.

Ve en mí, amable Lector, a una persona con un Espíritu Emprendedor que cree y confía en sus talentos, conocimientos y experiencias, alguien que no cree en los límites, que puede superar barreras y destruir muros.

Me gusta ser original en lo que soy y en lo que hago.

No soy alguien que cree saberlo todo, soy tan sólo un aprendiz de Orientador Conductual, de Teólogo, de Filósofo, de Poeta, de Psicólogo, de Chef, de Escritor, un aprendiz de la vida con mucha inspiración, imaginación y creatividad.

Creo que siempre habrá algo nuevo y provechoso que aprender, así como también que enseñar.

Mi deseo es compartir lo mejor de mí, lo bueno que te ofrezco mediante este libro.

La vida de cada ser humano es un camino hacia el encuentro de sí mismo, sus decisiones harán la diferencia.
-Írbiloc7-

SOY JULIO NOVOA MENCHACA

Soy el que soy: una personalización de la vida.

Soy quien soy: una persona que hace la diferencia en su vida por sus decisiones, un pensador con autonomía, como resultado de una conciencia despierta, una mente abierta, un corazón tan apasionado como un intelecto inspirado; con una claridad de razonamiento y con un espíritu emprendedor como muchos otros; sin embargo, la diferencia la decido Yo, la percepción, el análisis, mi intuición, mi sentido común, mis sentidos y la reflexión hacen esa pequeña gran diferencia, mi personalidad.

Soy más que un aprendiz de escritor, un aprendiz de la vida, porque creo que siempre habrá algo nuevo y provechoso que aprender, así como también que compartir. Trato de vivir la vida de una manera personal, con libertad de expresión, buscando el punto de equilibrio entre mi cuerpo, mente y espíritu, para poder convivir con mis semejantes y los demás seres vivos de una manera plena, respetuosa y en armonía.

Tengo los suficientes conocimientos, la capacidad y la experiencia necesaria para considerarme una persona con creatividad emprendedora, de sólidas convicciones, oportunidades, retos y logros.

Percibo el mundo según mis conocimientos y experiencias, lo interpreto de acuerdo con mis convicciones y creencias.

Lo único claro que tengo es que no soy dueño de la verdad y que soy sumamente prudente, tolerante y respetuoso de quienes tienen una óptica e interpretación del mundo diferente a la mía.

Sé que tengo que ser cuidadoso de mis fortalezas y debilidades, por eso trato de que mis fortalezas consoliden mi personalidad y mis debilidades me recuerden mi naturaleza humana.

¿Lo que HAGA o deje de HACER influye en mi vida para bien o para aprender una lección, conforme a mis CONVICCIONES, de acuerdo con mis DECISIONES?

Me considero un emprendedor inteligente, que desarrolla y aplica su inteligencia de manera profesional en un proceso administrativo, para tener mayores probabilidades de éxito en lo que emprende.

Soy consciente de mi naturaleza humana, así como también de mi esencia espiritual; eso me da la humildad y la fortaleza necesarias para controlar y someter a mi ego.

Creo que todo lo que ha hecho el Ser Humano es perfectible, de eso no tengo la menor duda: siempre hay una mejor manera de hacer las cosas y de perfeccionar los que otros han realizado, cuando se tiene un espíritu emprendedor con una creatividad innovadora personalizada de firmes convicciones.

Es mi opinión creer que uno de mis retos es la búsqueda permanente de la excelencia y plenitud existencial, para poder vivir libremente la vida, con esa paz interior que es capaz de expresar una personalidad más disciplinada; para poder convivir con mis semejantes y los demás seres vivos, en armonía, de una manera responsable y respetuosa, en un entorno que dignifique y enaltezca mi naturaleza humana.

Veo en los desafíos verdaderas oportunidades para mi crecimiento personal y desarrollo profesional.

Creo en el trabajo de equipo como un medio eficiente para tener el éxito esperado.

Conforme voy viviendo y conviviendo, estoy aprendiendo a ser una mejor persona.

A medida que escribo, aprendo a ser un buen escritor.

La percepción sobre mi camino de vida, a través de mi espíritu, me hace sentir que al mirar mi pasado me siento lleno de gratitud; al visualizar el futuro me lleno de esperanza. Observando el presente me fortalezco. Y al verme dentro de mí descubro mi libertad y paz interior.

Para estar donde estoy o hacer lo que hago, lo más importante es tener mis CONCIENCIAS despiertas para ejercer mis INTELIGENCIAS.

Escribir un libro con conceptos que despiertan conciencias es darle sentido a la palabra escrita.

Es audaz ser un escritor diferente, pero bien vale la pena arriesgarse. Siempre habrá lectores que lo agradezcan.

El espíritu emprendedor de un escritor visualiza con una inspiración creativa lo que va a escribir; el resultado: una obra de arte literaria.

El sueño de todo escritor es escribir un libro que despierte conciencias. Para que sea realidad su sueño sólo debe visualizar la trascendencia del título, su contenido y su influencia en el lector.

Con el tiempo, un buen escritor aprende que los buenos libros se escriben para el deleite de los lectores.

La buena opinión que tienen los lectores sobre un libro es porque este ha influido de manera positiva en su vida.

MENSAJE PERSONAL

Las regalías provenientes de las ventas de esta obra, así como toda asesoría profesional, dinámicas conductuales, otorgadas de mi parte, se irán a un fondo económico asistencial para apoyar proyectos que satisfagan necesidades prioritarias, previa aprobación de las partes involucradas.

Uno de los proyectos prioritarios para aprovechar este fondo sería apoyar la construcción, mantenimiento y conservación del EDDEN.

El EDDEN será un verdadero paraíso para personas venerables, una ESTANCIA agradable, DIGNA y funcional para adultos venerables que tienen el legítimo DERECHO de vivir y convivir de manera voluntaria en un ENTORNO apropiado que favorezca que vivan y convivan en condiciones óptimas, para continuar el ciclo NATURAL de su vida en las mejores condiciones posibles.

El EDDEN es en sí una estancia digna y funcional que les permitirá a los adultos venerables ser atendidos con amor, tener un apoyo profesional por parte de Cuidadores(as), Enfermeros(as), Médicos(as), Geriatras, Nutricionistas, Profesionales en limpieza, mantenimiento y conservación.

Amable lector, te hago una especial y cordial invitación para que sumemos voluntades, coordinemos esfuerzos y seamos parte de un proyecto cuya finalidad es satisfacer una necesidad para que los venerables adultos mayores tengan una excelente calidad de vida en sus últimos años al ser residentes del EDDEN.

Seamos generosos(as), no porque nos sobra el dinero, sino por ser agradecidos y tener la sublime satisfacción de haber podido ser útiles y ayudar a quienes necesitan de nuestra comprensión, bondad y generosidad.

Creo y siento que he sido bendecido por la generosidad de la vida al haber tenido un excelente Padre cuya herencia en vida fue una formación educativa sustentada en principios éticos y valores morales; al contar todavía con una Madre demasiado amorosa, buena y comprensiva; mi amada esposa Marina, mis amados hijos Julio y Montserrat; mis amados suegros, mis amados hermanos, familiares, amigos(as), que en su momento y circunstancias, a su manera, me dieron y siguen dándome su incondicional apoyo y comprensión.

Me siento una persona privilegiada y bendecida, comprometida con las causas justas, especialmente con los adultos mayores, personas venerables que han caminado en su camino de vida, que han cumplido su Misión Personal. Por ello, creo que es de justicia que antes de partir encuentren esa paz espiritual y se preparen para cuando llegue el momento de que su Espíritu trascienda para el reencuentro con el Padre.

Por tales motivos, quiero corresponder con mis semejantes al ayudarlos de corazón.

Tengo mucha fe que personas tan maravillosas como generosas también participarán con lo necesario para hacer realidad este gran proyecto de vida.

Está en nuestras decisiones hacer realidad uno de los sueños que hemos tenido toda nuestra vida.

Toda buena idea, todo buen proyecto nacen de un sueño, cada día tenemos más de una oportunidad para hacer realidad nuestros deseos.

Empecemos con una idea para darle forma, es una decisión que nos compromete, responsabiliza y va a requerir de un conjunto amplio de acciones y decisiones.

Lo que soñamos podría ser una realidad, si tomamos la decisión de comprometernos de una manera responsable con nosotros mismos.

DEDICATORIA

Amable Lector:

Este libro lo escribí pensando en ti. Tú que quieres caminar con seguridad y deseas superarte en la vida y hacer de ella una obra maestra, por medio de buenas decisiones.

Esta obra la dedico a quienes creen que, mediante el trabajo fecundo, perseverante, creativo, así como el esfuerzo personal, alcanzarán y harán que sus sueños se hagan realidad. También para quienes buscan la excelencia y plenitud existencial.

Asimismo, a esas personas que son un buen ejemplo por seguir y una influencia positiva para las futuras generaciones.

Una especial dedicatoria a esos grandes personajes que influyeron en mi desarrollo humano, crecimiento personal y expresión espiritual: Luis Jorge González Castellanos, Padre Carmelo; Dr. Juan I. Menchaca Manjarrez, Tío Abuelo; Manuel Menchaca Cortés, Hermano Marista, mi muy recordado y amado Tío.

A los Hermanos Maristas del Internado México, donde cursé estudios de Secundaria y tuve una excelente formación académica educativa.

A mi Alma Máter, mi muy querida Universidad de Guadalajara.

AGRADECIMIENTO

La gratitud es corresponder con aprecio la generosidad de quien nos ha dado en algún momento su invaluable apoyo.

Me siento una persona privilegiada y bendecida por ser agradecido.

Estoy sumamente agradecido con Dios Padre, con mi Madre, la Santísima Virgen María, mi Ángel de la Guarda, así como también con esos grandes personajes que despertaron mis conciencias, de los cuales he aprendido y que son un ejemplo por seguir.

Agradezco al Santo Espíritu del Creador, por poder sentir esa luz mística que abre mi mente, sensibiliza mi corazón e inspira mi espíritu para darle un sentido positivo a mi vida y valor a mis palabras.

Un agradecimiento para esos seres humanos que hacen que vivamos con un espíritu emprendedor al hacernos partícipes de sus pensamientos, ideas, sueños, experiencias y de todo aquello que representa una oportunidad para tener un crecimiento y un bienestar integral. Personas conscientes de que todo eso es parte del legado del saber, de la sabiduría de las costumbres que forman parte de su acervo cultural, constituyendo el patrimonio del conocimiento de la humanidad.

Un agradecimiento para todos los grandes personajes que, a través de la historia de la humanidad, nos han compartido sus conocimientos y experiencias, que han hecho y hacen posible el logro de grandes innovaciones que nos proporcionan un sinfín de beneficios que ayudan a nuestro crecimiento personal.

Un agradecimiento para mis incontables amigos, vecinos, compañeros de estudios, con quienes he coincidido en el Camino de la Vida, como Chon de Alba, Roland Bernard, Jorge Carmona Ruvalcaba, Daniel Forcelledo K., Antonio Güereña, José Gutiérrez de la Cruz, Lorenia Mora Godínez, Eudoro Nicolás Orozco Íñiguez, Yoyo; Rodolfo Reynoso Mora y muchos, muchos más...

No hay mayor recompensa que pueda recibir un Ser Humano que un reconocimiento con gratitud salido del corazón y expresado con la sonrisa de alguien que fue ayudado a encontrarse a sí mismo, para darle un sentido de certidumbre, esperanza y dirección a su vida.

Ser agradecidos(as) con la vida es una manera de corresponder por las bendiciones recibidas.

Cuando la gratitud se transforma en una actitud positiva hacia la vida, el bienestar, el éxito y la salud se vuelven compañeros inseparables.

No dejemos de sentirnos privilegiados por sentirnos vivos, sigamos caminando, viviendo, conviviendo, aprendiendo, bendiciendo, evolucionando, agradeciendo. Respondamos ante la generosidad de la vida dando las gracias.

La Gratitud en el silencio no sirve para nada, ni le sirve a nadie.

Agradecer habla bien de nuestro corazón y hace que nuestro corazón hable para que lo escuchen quienes han sido generosos con nosotros.

Ser agradecidos nos honra.

La gratitud es la memoria del corazón y nuestro corazón jamás olvida.

El que estemos vivos es una de las mejores razones para ser agradecidos.

La gratitud es una de las emociones humanas más saludables.

Es casi imposible que seamos negativos mientras damos las gracias.

Cuando empecemos a ser conscientes de nuestras bendiciones, no dejaremos de agradecer.

La gratitud no es sólo una de las mayores virtudes, sino que está vinculada con todas las demás.

Aprendamos a estar agradecidos por lo que ya tenemos mientras logramos lo que deseamos.

Si agradecemos lo que tenemos, terminaremos teniendo más. Si nos concentramos en lo que no tenemos, nunca tendremos lo suficiente. Sentir agradecimiento y no expresarlo es una aberración humana injustificada.

El agradecimiento es una forma sublime del ser humano y una suprema manera del pensamiento.

Escoger ser positivos y tener una actitud de agradecimiento determinará cómo viviremos nuestra vida.

Agradezcamos siempre por este agradable momento del presente, sin importar cómo luce.

Cada día de nuestra vida conseguimos algo por lo cual debemos estar agradecidos: esa es una excelente y poderosa lección.

La mejor opción de una estrategia es ser agradecidos cuando estamos en las buenas y también cuando no nos va tan bien.

Agradezcamos lo que tenemos y dejemos de lamentarnos, porque esto sólo incomoda a los demás y no resuelve nuestros problemas.

Independientemente de lo que la vida nos tenga preparado, aceptemos tomarlo y disfrutemos, seamos agradecidos por ello.

Si en nuestra vida nuestra única oración fuera dar gracias y ser agradecidos, sería suficiente como plegaria cotidiana.

LEYENDA Y DIÁLOGO

En la narración escrita y lectura de este libro, nos va a acompañar un venerable, sabio y místico Colibrí.

Cuenta una leyenda sobre un venerable, sabio y místico Colibrí.

La narración sobre esta leyenda existe, porque fue escrita en su momento y dada a conocer para darle vida propia.

Les relato esta leyenda tal como sucedió, pues lo menos que puede hacerse con una leyenda es narrarla. De otra manera, sería como si nunca hubiera existido.

No se pueden cambiar los términos en que se narra esta leyenda, pues eso la desvirtuaría, como tampoco es posible alterar su propósito ni la intención con que el escritor la narró, ese es el privilegio del escritor.

La mágica voz silenciosa de este venerable, sabio, místico colibrí se hará escuchar en las letras que darán vida a esta enigmática leyenda.

En un lejano lugar, lejos de aquí, cerca de allá.

Cuenta una leyenda de vida (esta leyenda no necesariamente tiene que ser verídica para ser contada), sobre un venerable, sabio, místico colibrí que disfrutaba el leer libros: con cada libro que leía asimilaba el polen del conocimiento de la obra leída; con su especial y mágico pico llevaba ese polen sagrado de conocimiento a otro libro, y así de libro en libro fue posible polinizar la teología con la filosofía, la poesía, la psicología, la gastronomía, etc. De esa polinización de conocimientos florecía la sabiduría del conocimiento para dar vida a una leyenda con una visión diferente, colmada de una inspiración creativa, transformadora de vidas.

La polinización de la sabiduría es el proceso de transferencia de polen que contiene conocimientos, experiencias que se transportan a la mente, donde se fecunda y germina, haciendo posible la producción de semillas del saber, cosechando frutos de sabiduría. Todo eso, gracias a un venerable, sabio y místico colibrí.

El legado de este colibrí es invaluable, contiene conocimientos, experiencias y sabiduría, una gran riqueza acumulada a través de los tiempos y los espacios, por venerables sabios y místicos colibríes, mediante la polinización de la sabiduría.

Durante mi peregrinaje por el camino de mi vida, de vez en vez, de cuando en cuando, a su debido tiempo, en su respectivo espacio, tengo un diálogo silencioso conmigo mismo, mediante una sabia y mística voz que escucha mi corazón, es la del venerable colibrí. Le hago preguntas para encontrar respuestas a esos enigmas de la vida, para despertar mis conciencias y ejercer mis inteligencias, contestaciones que mucho me hacen reflexionar sobre mi existencia.

Para entender ese vínculo con esta tan especial ave, les comparto lo que escribí al respecto.

Este venerable, sabio y místico Colibrí tiene:

Una Conciencia despierta. Su voz silenciosa es en sí una Oración de amor a la vida, que vive y convive plena y libremente una vida tan maravillosa y fascinante.

Le Inspira el escribir hermosos poemas y versos de tal belleza, armonía y fascinación, que hace que todo resplandezca con tal intensidad que los límites del peregrinaje por el camino de la vida sean un viaje maravilloso, tan espectacular y hermoso como inolvidable.

Este humilde peregrino busca en su peregrinaje por el camino de la vida respuestas a sus preguntas existenciales, que le permitan conocerse un poco más en cada paso dado, en cada día vivido.

La voz silenciosa del místico, venerable y sabio colibrí me da respuestas a mis preguntas existenciales.

De mí dependerá hasta dónde sus respuestas me orientarán en mi camino, mi vida y en mis decisiones.

Yo: Hola, venerable sabio, místico colibrí (VSMC). ¿Quién Soy?

VSMC: Eres el que eres, una personalización de la vida, una persona que tiene un Camino que caminar, una Vida que vivir, una Convivencia y Decisiones que tomar.

Yo: ¿Por qué existo?

VSMC: Existes porque tu vida tiene un propósito divino. El que existas tiene su razón de ser y de hacer en esta vida que te tocó vivir y convivir. Si no existieras cuántas situaciones no se darían y tus hijos y descendencia simplemente no existirían.

Yo: ¿Por qué a veces tengo miedo?

VSMC: El miedo es más que una emoción, es una respuesta a la falta de credibilidad y confianza en tu persona, el miedo siempre está presente en tu vida, sólo debes aprender a manejarlo y controlarlo.

Yo: ¿Qué es la felicidad?

VSMC: Un estado de ánimo personal al sentir gozo o una satisfacción por disfrutar de algo bueno y maravilloso en la vida que vives.

La felicidad es genuina cuando se es capaz de hacer feliz a una persona.

Yo: ¿Por qué existe el mal?

VSMC: Si el mal no existiera, el bien tampoco. Para valorar el bien, debe existir el mal. Vivimos en un mundo de opuestos, sin los opuestos sería imposible entender los enigmas de la vida.

Yo: ¿Por qué existe el sufrimiento?

VSMC: Las personas preguntan por qué existe el sufrimiento, pero jamás preguntan por qué existe la felicidad. El sufrimiento nos hace valorar la felicidad, es lo que nos recuerda nuestra vulnerabilidad humana.

Yo: ¿Por qué a veces nos molestamos con nuestros semejantes?

VSMC: Recordemos que cada ser humano es una personalización de la vida, una persona que percibe al mundo desde su propia óptica, toma sus propias decisiones y actúa en consecuencia.

No le demos importancia a lo que nos digan o hagan, no lo tomemos de manera personal, porque viviremos ofendidos la mayor parte de nuestra vida y quizás hasta nos enfermemos.

Tengamos presente que lo que DICEN y HACEN algunas personas es una percepción y proyección de ellas mismas. Y eso probablemente no tenga nada que ver con nuestra persona.

Toda experiencia es un instante de sabiduría,
que tiene su momento y su razón de ser.
-Írbiloc7-

PRÓLOGO

Escribir un libro es una consecuencia de la inspiración, creatividad y determinación de un escritor.

En cualquier momento sale ese escritor que está dentro de cada persona pensante, que tiene algo que narrar y que debe escribir para compartir.

El propósito de este libro es orientar no imponer: cada lector decidirá lo que le gusta y quiere creer en aquello que le pueda guiar en su peregrinaje por su camino de vida.

Cualquier persona puede escribir, pero sólo quien escribe con pasión lo que su mente y corazón le dictan es un genuino escritor.

Detrás de cada historia de vida hay una muy buena oportunidad para narrar esta, algo bueno y trascendente que bien vale la pena plasmar en un libro.

Todo aquello que adquirimos o logramos en nuestra vida debe ser por nuestro esfuerzo fecundo y creador, para poder valorarlo, apreciarlo y cuidarlo.

Lo que debe ser será. Lo que debe hacerse se hará cuando deba ser y hacer.

A veces creo haber vivido otras vidas, de otra manera no entendería todo lo que llega a mi mente para poder expresarlo a través de lo que escribo.

Por cuántas vidas he pasado, caminos recorridos, aprendizajes asimilados, experiencias vividas para escribir lo que expresa mi espíritu de escritor.

INTRODUCCIÓN

Espero ser lo más original, innovador y creativo en el presente libro, para que este sea una fuente de orientación a los lectores, para que su Camino, Vida y Decisiones se den en las mejores condiciones posibles: eso me brindará una gran satisfacción, mayor certidumbre y más posibilidades de que tenga el éxito esperado.

Las palabras definen conceptos; los conceptos precisan significados; los significados determinan realidades; las realidades concluyen con la verdad; la verdad la explicamos con palabras que describen un círculo infinito que no tiene principio ni fin.

La "magia" de este libro hará que cada lector crea haberlo escrito y hacerlo suyo.

La sabiduría de la humanidad está en la mente universal de todos los sabios que han sido inspirados e iluminados por el Santo Espíritu del Supremo Creador, a quienes algunos le llamamos Dios Padre.

Quienes tienen el gran privilegio de estar vinculados con la Mente Universal asumen un verdadero compromiso que deben cumplir con responsabilidad y humildad para orientar a las personas en cómo deben manejar su vida para disfrutar de ella de la mejor manera posible.

Los grandes personajes que han existido en la historia de la humanidad, que han contribuido a su grandeza, han sabido cómo manejar su vida mediante una orientación de la sabiduría y generosidad.

En este misterioso mundo que nos tocó vivir, en esta enigmática vida en la que nos tocó convivir, fluyamos libremente, agradeciendo lo que la generosidad de la vida nos da cada día durante nuestro peregrinaje.

En nuestro Camino de vida, todo el entorno es extraordinario, hermoso, maravilloso y eso nos incluye a todos nosotros.

No estamos en esta vida para ver si podemos; estamos en el mundo para poder ser y hacer.

Si algo no nos gusta, cambiémoslo.

Si algo nos da miedo, superémoslo.

Si algo nos enamora, no lo dejemos.

Vivamos libremente con responsabilidad y convivamos en armonía, quizás seamos más felices de lo que creemos.

En nuestro Camino hay parcelas que sembrar y cosechar. La vida no es suerte, uno cosecha lo que siembra.

En un punto del Camino, tal vez nos demos cuenta de que la vida no exigía tanto de nosotros, sólo nos pedía ser felices.

Nuestra energía fluye hacia donde va nuestra atención en el Camino.

Adondequiera que caminemos, plantemos semillas de armonía para que florezca la libertad y paz en nuestra Vida.

Paz en la vida no significa una vida sin problemas ni conflictos, como tampoco sin ruidos; tener paz significa que, a pesar del aparente caos, tengamos la certeza de que todo estará bien.

Cuando tenemos una libertad y paz interior en nuestro corazón, sólo así habrá calma en nuestra vida.

Un Sabio Escritor dijo: "Si los libros que satisfacen ampliamente el gusto de los lectores tienen el éxito esperado y fueran fáciles de escribir, cualquier persona los escribiría".

Cada situación que vivimos es una lección de vida.

El contenido de este libro puede influir positivamente para hacer de nuestra vida una obra de arte, todo dependerá del "artista" que lleva cada uno.

La voz silenciosa y sabia de nuestro Maestro Interior nos dice que, en nuestro camino de vida, siempre habrá algo que aprender para mejorar en la vida.

Miremos hacia nuestro interior para saber qué cosas son susceptibles de ser mejoradas, las que deben ser cambiadas y cuáles transformadas.

De nada nos sirve un aprendizaje, una enseñanza, un conocimiento, una experiencia, si no se aplica en nuestra vida.

En nuestro caminar por la vida seamos conscientes de cada paso dado. Cada decisión tomada es la adecuada para el momento. Aun así, se vale rectificar decidiendo. No hay prisa, seamos pacientes: todo tiene su momento de ser, de hacer y su espacio donde expresarse.

Aquí estoy cómodamente en mi espacio, con mis pensamientos, sentimientos, emociones esperando visualizar esas palabras con que escribir, para darle sentido a mi libro.

Para cambiar el mundo es indispensable decidir cambiar primero uno mismo: un cambio con conocimiento de causa, que implique una mayor autoestima para poder propiciar una actitud positiva hacia la vida y contar con un código de valores en el que creamos y vivamos, el cual nos facilite nuestras relaciones interpersonales y el logro de nuestras metas.

Nuestro México requiere de ciudadanos generosos, con sensibilidad social, espíritu de servicio y con disposición para enseñar a que sus semejantes se basten por sí mismos y logren tener éxito en lo que emprendan en su vida.

Sin esperanza no hay cambio personal ni desarrollo social, como tampoco progreso humano, simplemente se vive sin rumbo.

Llegado el momento, en nuestra vida nos daremos cuenta de que tenemos un proyecto con un propósito, algunas personas que conocemos se convertirán en una prueba, otras nos usarán, unas más nos van a querer, habrá las que nos enseñarán, pero prestemos atención especial a quienes nos van a ayudar a sacar lo mejor de nosotros, a quienes nos aman a pesar de nuestros defectos, esa es la gente especial en nuestro entorno, que Dios Padre nos mandó para bendecirnos y recordarnos que nuestra existencia tiene una importante misión en esta vida que nos tocó vivir y convivir.

Las experiencias vividas en nuestro caminar son para aprender, tenerlas presente y recordarlas, no para arrepentirse de ellas.
-Írbiloc7-

CAPÍTULO 1

MI CAMINO

*Un camino de vida sin esperanza es un
camino sin rumbo ni placer.*

Un camino de vida con libertad y esperanza es un camino de sueños, oportunidades, retos, logros, de proyectos, realizaciones, alegrías...

Aunque mi camino aparente ser más difícil de lo que realmente sea, cuento con mi mejor amigo: Cristo Jesús, quien me acompaña a mi lado; eso hará más fácil mi caminar, pues con Él los obstáculos serán mis oportunidades, los baches no estarán ahí para tropezarme, caer y no poder levantarme, sino para ayudarme a descubrir quién soy y reflexionar hacia dónde voy.

*Somos lo que somos, una personalización de la vida, personas que
tenemos una vida, que tomamos decisiones, responsable
de lo que hagamos o dejemos de hacer.*

Lo anterior fortalecerá más mi caminar por la vida y dejará constancia de mi existencia.

En cada paso dado, hago camino, plasmo huellas indelebles para que no pierdan el camino otros caminantes.

De lo más hermoso que tiene un nuevo día en mi caminar por la vida, es que está repleto de mágicos momentos, de nuevas oportunidades para Ser lo que quiero ser y Hacer lo que debo de hacer, así como de lecciones de vida que aprender para proseguir con mayor fortaleza y seguridad.

Los caminos de vida, esos que decidimos caminar, pueden ser muy diferentes a los de nuestros allegados, lo que a veces provoca que nos alejemos de ellos, pero, por otro lado, nos acerca a otras personas.

Caminemos con humildad. Nuestro camino tiene muchas paradas y a veces tenemos que mirar atrás para reflexionar.

La vida da muchas vueltas, paso a paso hacemos camino, nuestro camino.

Si percibimos nuestro camino con una óptica de amor, encontraremos que todo es hermoso y maravilloso, que tiene sentido de ser. Por eso la vida es bella y vivir es fascinante. Disfrutemos del paisaje.

Si permitimos que nuestra mente sea el mapa, nuestro corazón la brújula, el espíritu nuestro guía, jamás perderemos nuestro camino.

Cuando miro mi pasado al caminar, me siento colmado de gratitud. Cuando visualizo el futuro, la esperanza se hace presente. Viviendo mi presente soy consciente de lo que puedo ser y hacer.

Al mirar hacia el cielo me fortalezco. Y cuando observo mi interior descubro esa paz que me hace sentir privilegiado.

En nuestro camino, la belleza depende en parte del paisaje y del caminante que lo contempla. Si en nuestro caminar vamos con la mirada en el suelo, veremos tan sólo piedras, pero si levantamos la vista, miraremos un camino de oportunidades y grandes posibilidades.

Soy de alguna manera un peregrino emprendedor, un soñador, un idealista rebelde, pero ahora un realista inteligente, que continúa caminando, viviendo y disfrutando mi caminar. Cuando me duermo y sueño, no sé si lo que veo lo viví o lo soñé. A algunos sueños les llamo vida, por eso mi vida es un ensueño.

Si vivir consiste en dejar de soñar, probablemente morir en vida consiste en dejar de soñar. Quizás algún día no soñaré más, entonces se detendrá mi caminar, sólo permanecerán mis huellas indelebles en el camino de la vida.

Me pregunto en cada paso que doy: ¿mi camino de vida está hecho de sueños o mi vida está hecha de esos sueños con que sueña mi vida?

Mis sueños son esos deseos que todavía sueños son, tal vez así es, quizás así deba de ser. Es posible que lo que creí vivir, tan sólo hayan sido sueños, o lo que creí soñar es el cómo deseo vivir.

En mi camino nada se interpondrá, siempre y cuando cada vez que tenga un sueño, este sea lo suficientemente poderoso y atractivo, para que despierte mi espíritu emprendedor. En nuestro camino, debemos ser unos visionarios que actúen en consecuencia, si es que deseamos tener éxito en lo que emprendamos.

Todo aquello que en nuestro camino percibimos con la mente, ya sea sobre nuestra persona o el entorno, es de suma importancia, ya que constituye nuestro enfoque sobre la vida.

Quienes durante su caminar trabajan con pasión, en algo que realmente les importa, no encuentran excusas ni pretextos para realizarlo. Lo que visualicemos en nuestro camino debemos enfocarlo con inteligencia, con estrategia y con nuestro mejor esfuerzo.

Cuando llegamos a un punto de nuestro camino, donde sentimos que fuimos bendecidos por Dios nuestro Padre y la generosidad de la vida, que nos ha dado las oportunidades de realizarnos como personas dignas y merecedoras de todo lo bueno que nos ofrece, es tiempo de corresponder con quienes también lo bien merecen.

El Destino escogió mi camino, pero yo decidí cómo caminar. No comparemos nuestros caminos, cada persona tiene el suyo, también vive vida propia y toma sus decisiones. Debemos asumir un compromiso responsable, con plena libertad, para caminar nuestro camino, vivir nuestra propia vida y tomar nuestras decisiones.

Tengamos en cuenta que somos más que seres humanos, somos una personalización de la vida.

Nuestro camino es un camino de oportunidades, retos y logros. De cada uno dependerá si decide aprovechar lo que la generosidad de la vida le ofrece.

He descubierto que en mi caminar me acompaña un venerable sabio y místico Colibrí, pequeña gran ave con la cual mantengo un diálogo: su voz es mi voz.

De cada persona va a depender, que su camino, su vida, sus decisiones sean lo que deben ser, no lo que ella quiera que sea. La vida es generosa, creamos y confiemos en ella.

El camino hacia una vida feliz está pavimentado con bellas perspectivas, hermosos sentimientos, pensamientos, para compartirlos y difundir la felicidad e inspirar a los demás.

El Universo no nos bendice o maldice; no nos premia o castiga, el universo responde a nuestra actitud y la vibración energética que estamos emitiendo en nuestro caminar por la vida.

Aprendamos a escuchar nuestro corazón y no el miedo de otras personas. En el camino de nuestra vida, hay tormentas, pero también arcoíris.

Es mejor recorrer un camino con un calvario de realidades que vivir y convivir en un paraíso de mentiras.

LA VIDA

La vida y el tiempo son los mejores maestros, nos enseñan a tomar buenas decisiones en nuestro camino de la vida. La vida nos enseña a disfrutar del tiempo. El tiempo nos enseña a valorar la vida.

La razón divina de la vida es uno de los misterios de la creación, que solamente podemos comprender mediante nuestra espiritualidad.

Existimos por el amor y la gracia del Creador, llamado Dios Padre.

Dios Padre, como Creador de todo lo que existe, designó a cada cosa y ser viviente una razón de ser y hacer: al ser humano le otorgó el don de pensar y el privilegio de la libertad, para poder decidir cómo vivir y convivir en cada situación que la vida le va presentando, en cada momento de su existencia, durante su caminar por la vida.

Nuestra vida tiene un propósito, una misión que cumplir. Desde que nacimos, la generosidad de la vida nos ha estado preparando, en cada momento vivido, para Ser lo que tenemos que ser y Hacer lo que debemos hacer.

Me considero una persona que vive creyendo que su vida cambiará para bien. Y sí, mi vida cambiará cuando decida cambiar con esos cambios que transforman vidas.

He tenido la fortuna de coincidir en este mundo misterioso y en esta vida enigmática con personajes maravillosos que llevan la generosidad a flor de piel, que me han orientado y enriquecido con sus enseñanzas, conocimientos, experiencias...

Los conocimientos y las experiencias asimiladas a través de los años son las herramientas que una persona va a utilizar para enfrentar pruebas, retos y desafíos que tiene que superar en su vida.

Cuando el ser humano tuvo la visión más grandiosa y emprendedora de la vida, fue posible transformarse en un verdadero emprendedor, una persona que vive la vida con pasión y convive en armonía con sus semejantes y los demás seres vivos.

Tengamos presente que la vida es dinámica, cambia cuando los ajustes son imprescindibles. Así, por ejemplo, la tecnología se perfecciona con la innovación. El ser humano evoluciona. La verdad prevalece. Las mentiras se descubren. Las alegrías y las tristezas llegan y se van. El verdadero amor se expresa, crece y se fortalece. Y el desamor se extingue hasta desaparecer.

Vivamos buscando nuestra felicidad y sigamos avanzando con pasos firmes nuestro camino de vida. Así es la vida, la vida es así: vivámosla y dejemos vivir.

Mi felicidad se debe a que tomo con alegría lo que la generosidad de la vida me da y a que suelto con sabiduría lo que la vida se lleva.

A la vida le gustan las personas que trabajan con pasión, también las que cantan con sentimiento, pero le complacería más que las personas trabajaran más y cantaran menos.

La incertidumbre de la vida nos dice que la felicidad debe aprovecharse en el momento en que se nos presenta.

Cuando nos demos cuenta de lo privilegiados que somos al tener una vida, de lo importante que es vivir aceptándonos sin renunciar a perfeccionar nuestra personalidad, de lo esencial que resulta convivir en armonía con nuestros semejantes y los demás seres vivos, entonces podremos merecer llamarnos humanos.

Una buena pregunta que nos debemos hacer es la siguiente: ¿qué podría ser lo más inteligente que debemos hacer en la vida?

Una respuesta sería dar por terminado un ciclo en nuestro camino de vida, alejarnos de cualquier cosa, lugar, situación, persona que nos intoxique, nos amargue nuestra vida y no nos permita vivir.

Sin embargo, en ocasiones la vida nos sorprende al obsequiarnos algo: cuando ya no esperamos nada de ella, cuando no soportamos más ninguna mala situación, recibimos algo mejor, a pesar de que tengamos una vida de la que quizás no sabemos su porqué ni su para qué.

Decidamos que nuestra vida fluya, para que seamos capaces de aceptar lo que nos da, sin que huyamos de nada, ni de nosotros.

Disfrutemos de la vida, incluso en las situaciones incómodas y desagradables. Todo en la vida tiene su razón de ser y hacer. Demos gracias por ello cada día, porque no hay día, sea cual sea, que no merezca ser vivido con plenitud.

Es en esta vida donde coincidimos, donde compartimos momentos tanto felices o alegres, como dolorosos, infelices y tristes.

Para vivir en paz y convivir en armonía, hay que aceptar todo aquello que la generosidad de la vida nos da cada día, sin que nada nos perturbe.

Tratemos de recordar nuestro pasado, los sucesos que vivimos, las personas que conocimos, los conocimientos asimilados, las experiencias vividas, todo aquello que de alguna manera ha influido en nuestra vida, para bien o para haber aprendido una lección de vida.

La vida nos enseña todo lo que necesitamos aprender para hacer lo que somos y hacer lo que debemos. Muchas gracias para esas grandes personas que nos prepararon para poder cumplir cabalmente con nuestra misión en esta vida.

Es en esta vida donde coincidimos, donde compartimos momentos tanto felices, alegres, como dolorosos, infelices y tristes.

En este mundo misterioso no hay vidas conflictivas, sólo personas que se complican la vida.

El Universo y la generosidad de la vida hacen su parte, si nosotros hacemos la nuestra, sea lo que sea que busquemos, no está en los demás, está en cada quien. No arruinemos un nuevo día, pensando en el día de ayer, dejémoslo ir.

Mientras estemos con vida, disfrutémosla plenamente en su totalidad. Nada de lo que creemos que nos pertenece es para siempre, vivamos la vida ahora y valorémosla.

No, nos olvidemos de ser felices, es lo único que realmente vale la pena. Las cosas materiales y todo lo demás por lo que luchamos se quedan aquí..., no podremos llevarnos nada.

Valoremos a quienes nos estiman, amemos a nuestros familiares y amigos, y si es posible perdonemos a nuestros enemigos. La vida es demasiado corta para desperdiciarla en resentimientos, odios y rencores, seamos felices haciendo felices a los demás.

Disfrutemos de la vida, porque tenemos vida para gozarla. No esperemos tenerlo todo para disfrutarla.

En nuestra vida somos responsables de lo que hacemos, de lo que no hacemos, de lo que hablamos, de lo que callamos, de lo que defendemos, de lo que no defendemos, pero, nuestra mayor responsabilidad es vivir y convivir tomando buenas decisiones. Decisiones que hacen la diferencia para bien, o para aprender una lección.

Las contribuciones de la vida:

- El amor y la paz generan amor y paz.

- La maldad y el odio generan maldad y odio.

- El miedo y la inseguridad generan miedo e inseguridad.

- La credibilidad y la confianza generan credibilidad y confianza.

- La paz y la libertad generan paz y libertad.

- La felicidad y la armonía generan felicidad y armonía.

- La oración y la plegaria generan oraciones y plegarias.

En la vida necesitamos llenar nuestros vacíos existenciales con: amor, paz, libertad, bondad, comprensión, esperanza, oraciones...

No todas las tormentas vienen a perturbar nuestra vida, algunas llegan para despejar nuestro camino.

No hay vida sin trascendencia espiritual, ni trascendencia espiritual sin vida.

EL TIEMPO

Nadie, absolutamente nadie es dueño de nuestro tiempo.

Yo decido que hacer con mi tiempo y cómo usarlo adecuadamente para obtener de él lo que deseo, y mi decisión es usarlo convenientemente en mis proyectos de vida, decidiendo con sabiduría y paciencia.

El tiempo tiene su momento de ser y de hacer. Todo lo bueno que nos llega es a su tiempo, en su preciso momento y respectivo espacio.

¿Cuál es la prisa? Si no estamos seguros y desconocemos qué vamos a hacer realmente y cuánto tiempo invertiremos.

La manera en que pasamos nuestro tiempo es como pasamos nuestros días. La forma como vivimos y convivimos en la vida y como invertimos nuestro tiempo, así es como nos irá en la vida.

La calidad de nuestro tiempo determina si valió la pena aprovechar nuestro tiempo.

De los recursos y posesiones más apreciados y valorados en la vida, uno de ellos, es el tiempo: con el tiempo las personas construyen su porvenir. Una administración inteligente del tiempo puede hacer la diferencia entre el éxito y el fracaso.

El aprovechamiento del tiempo es un compromiso responsable del ser humano para cuidar su vida, lograr sus proyectos y perfeccionarse.

La puntualidad es la palabra comprometida, es el respeto por el tiempo de los demás: además una persona puntual nos dice que le importa el otro y lo que va a tratar.

Hay muchas maneras de perder nuestro tiempo, una de ellas es involucrarse en situaciones y con personas tóxicas.

Optimizar el tiempo es una característica de un emprendedor inteligente. Utilicemos el tiempo con justa medida, sin excesos que nos lo roben, porque todo en exceso no es bueno.

El tiempo utilizado para disfrutar, no es tiempo perdido. Los sucesos o acontecimientos importantes tienen su momento de ser y de hacer.

Seamos pacientes con el padre tiempo, todo a su debido tiempo.

Todo lo bueno y maravilloso que nos ofrece la generosidad de la vida se nos da y sucede cuando debe ser; cuando no es así, es porque no era su tiempo.

Todo en la vida tiene su tiempo y razón de ser y de hacer.

Existe algo que el tiempo no puede borrar a pesar de su innegable deterioro, me refiero a los buenos y agradables recuerdos, los rostros del pasado, los momentos felices.

Hoy aprendemos para el mañana. El ahora que vivimos será el ayer que cumplió su cometido; sus enseñanzas y experiencias son su legado.

Cada uno es responsable de saber cómo aprovechar su tiempo.

De aquello que sucedió ayer, solo debe quedar la experiencia positiva que nos dejó.

Confiemos en que mañana sea una maravillosa realidad para que la esperanza persista en nuestro presente.

Cuando el futuro sea el ahora del hoy y el ayer del mañana, el ser humano tomará conciencia de la responsabilidad que implica el saber administrar su tiempo, pues así estará en mejores condiciones de aprovecharlo.

El transcurrir del tiempo, el cómo han pasado los años, la manera de disfrutar, sobrellevar o sufrir el momento, aquello que nos acontece pasan a ser parte de la historia de nuestra vida.

Debemos saber elegir qué actitud tomar cuando se viven:

- Tiempos de abundancia, de escasez.
- Tiempos de sembrar, de cosechar.
- Tiempos de alegrías, de tristezas.
- Tiempos de salud, de enfermedad.
- Tiempos de riqueza, de pobreza.
- Tiempos de reír, de llorar.

- Tiempos de perdonar, de olvidar.

- Tiempos de meditar, de improvisar.

- Tiempos de certidumbre, de incertidumbre.

- Tiempos de verdades, de mentiras.

- Tiempos de humildad, de soberbia.

- Tiempos de felicidad, de infelicidad.

En fin, hay actitudes que decidimos para esos tiempos que viviremos durante nuestro caminar por la vida. Elijamos la mejor.

Disfrutemos de nuestro tiempo, porque el tiempo no regresa, lo que vuelve es el arrepentimiento de haber perdido el tiempo.

DECISIONES

Los deseos no cambian nada. Nuestras decisiones lo cambian todo
Decidamos con el corazón y usemos la mente
para hacer que funcionen.

En mi caminar por la vida, en cada paso que doy estoy eligiendo y esperando tomar una buena decisión.

Eso será posible si... ¡¡¡pienso!!! Antes de decidir, debo preguntarme algo cómo lo siguiente: ¿esta decisión es buena para mí, para mis semejantes y los demás seres vivos?, ¿no nos causa daño alguno? Al hacerme esta pregunta antes de decidir, estaré tomando una muy buena decisión.

Una buena decisión hace la diferencia cuando se decide con inteligencia. Una decisión inteligente es decir NO a lo no tan bueno y SÍ a lo excelente. Nuestro camino se allana con opciones que elegimos, así como la vida se estructura con decisiones. Todo dependerá de las decisiones que tomemos. Nuestras decisiones, todas ellas, tanto las buenas como las malas, tienen resultados.

De sus consecuencias hemos aprendido, nos han enseñado a ser lo que somos.

Nuestro mundo y nuestra vida son el resultado de una infinidad de decisiones que hemos tomado desde que tenemos uso de razón. En algunas de estas decisiones tenemos el control y la responsabilidad total sobre nuestras acciones; en otros, en cambio, no, ya que dependen de las circunstancias, de fenómenos naturales o de otras personas, debemos ser conscientes de eso.

Es importante elegir, pero más importante es ser conscientes de los resultados, de sus consecuencias.

Cada elección que tomamos en nuestro caminar influye en nuestra vida.

Una decisión acertada es poder hacer los cambios necesarios que provoquen que nuestra vida trascienda en nuestro momento y espacio.

Tomar buenas decisiones es elegir de una manera positiva, responsable, comprometida y altamente razonada para tener los éxitos esperados en nuestra vida.

Nuestras decisiones deben ser tomadas asumiendo un compromiso que debemos abrazar con responsabilidad en nuestro camino de vida, independientemente de sus consecuencias.

Hay que decidir cómo vamos a vivir en nuestro caminar por la vida: ¿con pasos firmes, seguros, bendecidos por el amor, o con ese miedo que nos paraliza vivir, al alimentarnos con pensamientos negativos, fatalistas, que nos harán quedar hastiados, sin entender que cada uno crea sus propias vivencias, que somos dueños de nuestro destino con las decisiones que tomamos, para apreciar las bendiciones de la vida y ser agradecidos por lo que nos ha dado?

Al tomar decisiones por otras personas, no estamos permitiendo que ellas decidan por sí mismas. Lo que creemos que nos gusta, no necesariamente les va a gustar a los demás.

Las buenas decisiones hacen posible disfrutar y
valorar nuestra vida y nuestro tiempo.

PRIORIDADES

Si nuestras prioridades las tenemos bien definidas,
nuestras decisiones serán más fáciles de tomar.

En mi caminar por la vida cotidiana tengo prioridades que mi tiempo debe satisfacer convenientemente, lo cual es entendible. Tenemos prioridades, ¿nos decidimos por las importantes o las urgentes?

Seamos claros y transparentes en nuestras prioridades. Tenemos nuestras preferencias, cosas que consideramos más importantes que otras.

Cuando algo nos es prioritario realmente no buscamos, ni damos pretextos, como tampoco excusas, simplemente actuamos o no, es nuestro privilegio de decidir libre y honestamente controlando nuestras emociones.

Las decisiones que tomo sobre mis prioridades, las que considero importantes o urgentes, van a influir y harán la diferencia en mi calidad de vida.

Prioridades:

- Tener mayor capacidad de amar.

- Cumplir con mi misión personal en esta vida.

- Mayor madurez en mi razonamiento.

- Mejor estabilidad mental.

- Equilibrio en mis emociones.

- Poder entender mi personalidad.

- Expresar mi espiritualidad.

Priorizar mi vida, es mi principal prioridad. Para eso es necesario atreverme a ser Yo mismo, y ser flexible en mis preferencias. Nuestras prioridades definen nuestras preferencias, al saber lo que queremos y lo que necesitamos realmente.

Si queremos cambiar nuestras vidas, necesitamos cambiar nuestras prioridades. Si nos movemos por prioridades, administraremos bien nuestro tiempo.

PROPÓSITOS

Nuestros propósito en la vida es encontrar buenos propósitos y entregarnos a ellos con determinación y confianza.

Mi principal propósito es descubrir el camino adecuado y conveniente de la vida, para poder expresarme libremente ante este misterioso mundo en que vivo y encontrar respuestas a los dilemas de la vida.

Si tenemos propósitos, tenemos un porqué y un para qué.

Un propósito es lo que nos mueve a la acción. Tiene una estrecha relación con nuestros objetivos y ese deseo de lograr algo que nos facilite el cumplir con una meta personal.

El propósito de vida es el porqué de nuestra existencia, el que nos da un sentido real a lo que hacemos. Es como una brújula moral, motivacional, que nos orienta en nuestro caminar por la vida. Es en sí la razón de ser y de hacer.

Uno de los mayores descubrimientos del ser humano es cuando comprende por qué y para qué existe. Otro descubrimiento no menos importante es cuando se le da un verdadero sentido a lo que es y hace como persona en su vida.

Algunos estudios científicos demuestran que las personas que tienen un propósito de vida definido le dan un sentido pleno a lo que son y a lo que hacen, tienen una mejor calidad de vida y, en consecuencia, prolongan sus años en las mejores condiciones posibles.

Nuestro propósito de vida se trabaja para edificarlo. Tenemos herramientas provenientes de disciplinas de estudio, de diversas culturas, para nuestros propósitos.

Cada persona tiene un camino de vida, un sinfín de decisiones que tomar, un valioso tiempo que optimizar, varios propósitos que tienen sus prioridades, conocimientos, experiencias, intuición y sentido común que le facilitan las decisiones que debe tomar.

IKIGAI

La razón de vivir, la razón de ser y hacer, término japonés para encontrar nuestro propósito. Trata de identificar la felicidad por lo vivido o el motivo para levantarse cada mañana con buena actitud. Nos permite indagar en cuestiones específicas de la personalidad, así como lo que surge en su combinación:

◇ Lo que nos llena o satisface: nuestra pasión.

◇ Lo que nuestros semejantes necesitan: nuestra misión.

◇ Lo que se nos da bien: nuestros talentos.

◇ Lo que queremos bendecir: nuestra profesión.

◇ Lo que deseamos ser: un instrumento de la vida.

◇ Lo que podemos dar o tener.

◇ Lo que expresamos: nuestros valores morales.

PIL

Es una prueba para determinar en qué situación se encuentra una persona con respecto a su propósito de vida, así como para evaluar su:

◇ Percepción, reflexión y motivación de la vida.

◇ Percepción de situaciones y sucesos positivos en la vida.

◇ Objetivo y su responsabilidad personal sobre ellos.

◇ Actitud hacia la vida.

◇ Actitud hacia la muerte; a la inmortalidad espiritual.

◇ Trascendencia de acciones.

◇ Frecuencia energética.

ORIENTACIÓN CONDUCTUAL

Orientar, no imponer perspectivas, para encontrar el propósito de vida,
mediante el desarrollo humano, crecimiento personal,
progreso laboral, expresión espiritual.

En algún momento de nuestra vida, necesitaremos de una orientación que nos facilite nuestro caminar por la vida. Es muy importante no perder el rumbo que nos lleva a nuestra realización, para cumplir cabalmente con nuestro propósito de vida y misión personal.

APRENDIZAJE

Nuestro propósito de vida se da y se facilita mediante el aprendizaje. Una persona con un propósito de vida definido disfruta la vida mediante el buen manejo de sus emociones positivas, al mismo tiempo que considera que su vida está llena de significado.

Con la finalidad y propósito de dar o encontrar respuestas a sus preguntas existenciales, toda persona anhela aprender a tener:

◇ Sabiduría en sus decisiones.

◇ Entendimiento.

◇ Buen juicio.

◇ Discernimiento.

◇ Percepción.

◇ Intuición.

◇ Espiritualidad.

APRENDER A SER PERSONA

Antes de ser un profesionista o desempeñar una actividad laboral. Debemos aprender a ser personas dignas y merecedoras de todo lo bueno que la generosidad de la vida nos ofrece para satisfacer nuestras diversas necesidades.

APRENDER a:

1. Aceptar lo que somos y perfeccionar nuestra personalidad.

2. Expresar nuestro amor a la vida, cuidando y preservando el equilibrio natural de la Naturaleza.

3. Vivir y convivir con principios éticos y valores morales.

PRINCIPIOS: Libertad, Honestidad. Respeto, Justicia, Credibilidad, Confianza, Compromiso....

VALORES: Paciencia, Disciplina, Tolerancia, Puntualidad, Comprensión, Perdón, Humildad...

4. Despertar nuestras conciencias y ejercer nuestras inteligencias.

5. Alimentarse con alimentos que nutran y ejerciten el: cuerpo, la mente y el espíritu

6. Ser emprendedores con inteligencia organizacional y desarrollar nuestra intuición y sentido común.

7. Tener un vínculo espiritual con las divinidades y rezar mediante una oración meditativa.

No esperemos que las personas sean lo que queremos, o hagan lo que deseamos. Cada ser humano es una personalización de la vida, personas que tienen un camino que recorrer, una vida que vivir, convivir y muchas decisiones que tomar, con las cuales deben hacer un compromiso responsable consigo mismas para cumplir cabalmente con esas responsabilidades.

Lo que deseamos hacer por nuestros semejantes, no esperemos su reconocimiento y agradecimiento porque eso lo decidió nuestro corazón y el corazón es un instrumento del amor. Es la vida que nos recompensa por nuestros actos.

No hay mayor satisfacción humana que la de haber hecho feliz a una persona cuando recibió nuestro reconocimiento, apoyo y ayuda para resolver una situación problemática.

Lo que debemos aprender cuando valoramos nuestra vida:

◇ Ser conscientes de que todo puede cambiar en un momento dado.

◇ Darnos cuenta en todo lo que deseamos ser y hacer.

◇ Decirle a nuestros semejantes nuestros sentimientos y compartir nuestros pensamientos.

◇ No hay que aplazar nada en la vida, lo que queremos ser seamos, lo que tenemos que hacer hagámoslo. Desconocemos el tiempo que nos queda de vida.

◇ Manejar nuestro ego, querer tener siempre la razón en todo, tener discusiones estériles sobre cosas que no merecen nuestro tiempo, nos causan problemas y conflictos.

◇ El tener razón y ser feliz, decidamos por ser alegres. Perdonar, amar y seguir adelante.

◇ No nos olvidemos de ser felices, es lo único que realmente vale la pena, las cosas materiales y todo lo demás por lo que luchamos se quedan aquí...

El secreto de una buena vejez no es otra cosa que aprender a vivir con:

◇ La soledad, a pesar de que nuestras fuerzas disminuyan.

◇ Una mirada más libre, amplia y serena.

◇ Conservar alguna esperanza

◇ Las arrugas del espíritu, ellas nos hacen ser más viejos pero, con más sabiduría.

◇ El envejecer con dignidad, lo cual es el único medio que podemos encontrar para vivir más tiempo, nadie es tan viejo que no pueda vivir un tiempo más, ni tan joven que hoy no pudiese morir.

◇ El deseo de llegar a viejos, aunque neguemos haber llegado. Nada nos envejece tanto como la muerte de quienes amamos y queremos.

◇ Juventud conocemos las normas, en la vejez las excepciones, la vejez comienza cuando los buenos recuerdos son más fuertes que la esperanza de la juventud.

En la vejez debemos recobrar la serenidad, tranquilidad, paciencia, prudencia, tolerancia, comprensión y humildad, si es que queremos pasar en armonía los últimos años de nuestra vida. Sigamos siendo jóvenes de espíritu, aunque nuestro cuerpo se haga viejo.

Aprendemos más de jóvenes, entendemos
más en la madurez de la vejez.

Cómo funciona la mente:

Pensemos en lo bueno y lo bueno pasará, pensemos en lo malo y la fatalidad nos acompañará todo el día, somos lo que pensamos.

La mente subconsciente no discute con nosotros. Aceptemos lo que manifiesta y decreta la mente consciente.

Tenemos la posibilidad de elegir. Elijamos salud y felicidad.

Podemos elegir ser amigables o simpáticos, serviciales, alegres, cordiales, amigables y todos responderán en consecuencia.

Esta es la mejor manera de desarrollar una personalidad maravillosa.

La mente consciente es "guardiana". Su función principal es proteger al subconsciente de impresiones falsas. Decidamos creer que algo bueno nos puede suceder y que está sucediendo ahora. Su mayor poder es la capacidad de elegir. Elijamos lo que consideramos lo mejor para nosotros.

Las sugerencias y declaraciones de otras personas no tienen poder para lastimarnos. El único poder está en nuestra forma de pensar. Podemos decidir rechazar los pensamientos y declaraciones de los demás y afirmar lo bueno. Tenemos el poder de decidir como reaccionaremos ante una determinada situación.

Tengamos cuidado con lo que decimos. Tendremos que responder por cada palabra ociosa. Nunca digamos "fracasaremos".

El subconsciente no hace chistes. Hace que todas estas cosas sucedan.

Nuestra mente no está mal. Ninguna fuerza de la naturaleza es mala. Todo dependerá de cómo usemos los poderes de la naturaleza. Usemos nuestra mente para bendecir, sanar e inspirar a todas las personas en todas partes.

Nunca digamos "no puedo". Dominemos el miedo reemplazándolo con la siguiente declaración. "Puedo hacer cualquier cosa gracias al poder de mi mente subconsciente", de mi credibilidad, confianza, determinación…

Empecemos a pensar desde las verdades y principios eternos de la vida y no desde el punto de vista del miedo, la ignorancia y la superstición. No dejemos que otros piensen por nosotros. Elijamos nuestros pensamientos y tomemos nuestras propias decisiones.

Somos el comandante de nuestra alma (la mente subconsciente) y dueño de nuestro destino. Recordemos, tenemos la capacidad de elegir. ¡Elijamos la vida! ¡elijamos la salud! ¡elijamos la felicidad!

Todo lo que nuestra mente consciente asume y cree que es verdad, la mente subconsciente lo sabe y busca que sea así.

Creamos en la generosidad de la vida, la guía divina, la acción correcta y todas las bendiciones de la vida.

Un ser humano sin propósitos, ni esperanza es
una persona que no sabe vivir.

MUERTE Y RESURRECCIÓN

El amor a la vida es comprender
el miedo a la muerte.

¿**P**or qué existe la muerte?: porque hay vida. No creo en la muerte, creo en la vida. Hay muerte porque hubo vida, del mismo modo que hay vida es porque hay muerte. Una y otra se involucran recíprocamente.

¿Por qué existimos...? Cada persona debe encontrar su respuesta.

La vida es maravillosa por lo enigmática que es, por la libertad de ser y hacer todo aquello que creemos debe de ser o tiene que hacerse.

Somos seres interdependientes, interactuando en un mundo donde cada quien tiene algo que ofrecer y que los demás necesitamos.

Sin embargo, ¿qué va a pasar con nosotros cuando dejemos de existir en este mundo? Cada uno tiene su respuesta llegado el momento de partir, de trascender su espíritu a otra dimensión existencial.

Como humanos que somos, nos duele la partida de un ser querido. Pero debemos entender que cada persona tiene un ciclo de vida terrenal, un propósito, una misión personal que cumplir en esta vida; su espíritu inmortal seguirá en nuestro corazón, los agradables momentos compartidos serán esos bellos recuerdos que harán sentir la presencia de su espíritu en nuestro corazón, por el resto de nuestra vida terrenal.

Al partir de este mundo, la vida sigue y no necesariamente con nuestra presencia. El cuerpo es mortal, el Espíritu inmortal. La vida es efímera, la espiritualidad es eterna.

La partida de un ser amado es una ofrenda de amor a la vida eterna, iluminada con bellos recuerdos que quedan en la memoria, para hacernos sonreír ante la vida, con el propósito de seguir caminando con esperanza en nuestro camino.

Hablar de un ser amado que ha partido no es hablar sobre su muerte, es expresar un pensamiento, un sentimiento acerca de su vida terrenal y de su trascendencia espiritual; es reafirmar un vínculo de amor entre Él y sus seres amados.

Cuando ha llegado el momento de partir, de emprender, de reanudar el viaje del Espíritu, es su espiritualidad lo que trasciende más allá del tiempo y el espacio; la sublime eternidad.

La muerte no es de ninguna manera el final de una vida, es la trascendencia del espíritu en el tiempo y el espacio, que seguirá viviendo eternamente.

En nuestro duelo, los buenos recuerdos son una especie de bálsamo que nos reconforta y fortalece para entender la partida de un ser amado.

Podemos decidir:

- Derramar lágrimas, sentir un nudo en el corazón por su partida, o sonreír por haber vivido y convivido con nuestro amado ser, con una vida bendecida con alegrías y tristezas; glorias y penas.

- Cerrar nuestros ojos y suplicar a Dios nuestro Padre por que vuelva a la vida terrenal, o abrirlos con el corazón para mirar todo lo bueno que nos ha dejado nuestro ser amado.

- Sufrir, tener dolor, porque nuestro ser amado no está más con nosotros, o sentir la expresión de su legado de amor, de su paz como una sublime bendición.

- Culpar a Dios, a la vida, por habérnoslos quitado, o decidir agradecerle por permitir haberlo tenido el tiempo necesario con nosotros.

- Sentir un vacío existencial por no disfrutar más de su presencia, o decidir experimentar un gozo por tener esperanza en que su partida fue en paz, sus faltas absueltas, sin remordimientos, serenamente, como debe ser la trascendencia espiritual de un alma de Dios.

- Pensar que fue fugaz su estancia y más su partida, dejando pendientes, o decidir creer que cumplió con su Misión en esta vida material de manera cabal, dejando un testamento de amor, paz y esperanza.

- Lo que sí podemos, debemos y tenemos que hacer es mantener vivo su recuerdo en nuestra memoria, por lo que aprendimos, por lo que compartimos, por ese vínculo de amor por siempre bendecido por el Supremo Creador, Dios Padre.

- Más allá de una vida humana, está una vida espiritual bendecida por el amor de Nuestro Padre Dios.

Hay grandes personajes que han partido, que nos inspiran para escribir lo que sentimos y valoramos y más aún cuando se trata de un ser amado que se ha ido. Nuestro Dios ha decidido que el Alma de un ser querido regrese al Padre, agradezcámosle por el tiempo que nos permitió convivir con él en esta vida.

Cada mañana no despertamos, resucitamos, renacemos, aprovechemos las oportunidades para que nuestra resurrección valga la pena.

La muerte humana tiene un tiempo de vida, cuando termina es porque Dios Padre así lo decidió y mediante ciertas circunstancias decide que es la hora que una persona debe dejar este mundo.

Nadie tiene el derecho de acabar con una vida, solo el Supremo Creador, Dios Padre. Difícil de entender la comprensión humana.

Agradezcamos cada despertar, vivamos y convivamos con alegría, con principios éticos, valores morales, y creamos en lo que creemos. La vida es un enigma existencial, muchas preguntas, pocas respuestas.

Mientras tengamos vida disfrutémosla plenamente en su totalidad.

Nada de lo que creemos que nos pertenece es para siempre, vivamos ahora y valoremos la vida.

El día que comprendamos que lo único que nos vamos a llevar es lo que hemos vivido, vamos a empezar a vivir realmente.

Nuestras acciones tal vez no transformen la vida como quisiéramos, pero quizás nosotros logremos transformarnos.

El morir no nos debe causar miedo, lo que sentimos es tristeza porque amamos la vida. No viviremos para siempre sólo preguntémonos: estamos siendo la mejor persona que queremos y debemos ser.

No podemos llevarnos nada, solo nos llevamos los buenos momentos
que pasamos en compañía de nuestros semejantes,
las agradables experiencias de todas las
etapas de nuestra vida.

Es importante el creer que todo tiene su razón de ser y de hacer, aunque no lo comprendamos de momento, nos cause incertidumbre, dolor, frustración. Cada pieza del destino debe encajar en el rompecabezas de nuestra vida.
-Írbiloc7-

CAPÍTULO 2

SINCRODESTINO

El Sincrodestino hizo posible que estés leyendo este libro,
y estoy seguro de que te va a orientar en tu camino.

El Sincrodestino son eventos vinculados por una relación de significado, en un sentido especial de una coincidencia temporal de dos o más sucesos relacionados entre sí.

Cada decisión que tomamos es un paso más hacia nuestro destino.

SINCRONICIDAD. Del griego συν, 'unión', y χρόνος, 'tiempo', es el término elegido por Carl Gustav Jung para aludir a:

... la simultaneidad de dos sucesos vinculados por el sentido, pero de manera acausal, en el sentido especial de una coincidencia temporal de dos o más sucesos que están relacionados entre sí de una manera no causal, cuyo contenido significativo sea igual o similar.

El sincrodestino pone a muchas personas, situaciones y eventos en nuestro camino, donde de alguna manera estamos conectados, con todos coincidimos, pero sólo son las mejores, buenas personas y situaciones las que nos van a dar un sentido de permanencia, solidaridad y trascendencia en nuestra vida.

Describir (nuestro sentir) en palabras habladas, escritas, el charlar con alguien que inspire credibilidad y confianza, el mantener una conversación, ya sea con uno mismo o con los demás, puede darnos respuestas a nuestros interrogantes, esas preguntas existenciales que necesitan contestaciones veraces y contundentes.

En nuestro Camino de Vida tenemos un destino en el que se van presentando sincronías que nos muestran:

Oportunidades, Percepciones, Situaciones (circunstancias, condiciones, características), Sucesos, Coincidencias, Casualidades (algo aparece o sucede sin causa), Causalidades, que nos van señalando nuestro caminar y que tienen la bendición divina, su tiempo y su espacio.

Mediante las bendiciones que nos da la generosidad de la vida, se ha hecho posible conocernos, para darle sentido al cruzarnos en el camino, cuya intención es cumplir cabalmente con nuestro propósito y misión en esta vida.

Hagámonos la siguiente pregunta: ¿cuántas situaciones hemos vivido y pasado para conocernos?

Justo en momentos de incertidumbre, de cambios trascendentales, de grandes transformaciones, preguntarnos sobre las cosas fundamentales que consideramos importantes, para vivir y convivir con estabilidad mental, armonía emocional y con plena libertad.

El preguntar constituye el núcleo de lo que la filosofía es y hace.

La búsqueda incesante de respuestas a los diversos sucesos que estamos viviendo, o el disponer de tanto "tiempo libre" nos hace reflexionar y darnos cuenta de que no todo en la vida es o era lo que en realidad creíamos.

Casi todos vamos por el camino de la vida con un poco de temor, de preocupación y nerviosismo, puede ser normal; sin embargo, esta no es la manera adecuada de vivir y convivir.

Debemos comprender la verdadera naturaleza de la realidad para así perder todo temor o aflicción; de este modo, las preocupaciones desaparecen.

Una vez que comprendemos cómo funciona la vida, nos llega un flujo de energía positiva, de información, conocimientos e inteligencia que influye y nos dirige cada momento... Y así empezamos a percatarnos del increíble potencial de ese momento y las cosas mundanas simplemente dejan de molestarnos. Nos volvemos felices, alegres y nos sentimos llenos de dicha.

Tengamos paciencia, lo que va a suceder... sucederá, porque así debe ser para que se dé la sincronización del Universo, indispensable para que el plan de vida se manifieste en cada ser vivo.

Cada persona que existe tiene un propósito que cumplir. El factor paciencia es importante para fluir con la vida.

Todos tenemos una misión que cumplir, lo cual requiere que ingresemos en la profundidad de nuestro interior y, al mismo tiempo, que tomemos conciencia de la intrincada variedad de oportunidades, percepciones, situaciones, sucesos, coincidencias, casualidades y causalidades que hay en el mundo físico y metafísico.

Estamos inmersos en una red de orientación que nos inspira y nos ayuda a dar rumbo a nuestra vida, para vivir y convivir con nuestro destino. Necesitamos comprender la naturaleza profunda de las cosas, reconocer la fuente de la inteligencia que crea sin cesar nuestro Universo y mantener la intención de aprovechar las oportunidades específicas de cambio conforme se presenten.

La vida, nuestro vivir y convivir, depende en gran medida de los encuentros fortuitos, los giros del destino, nuestras decisiones, o los cambios que súbitamente viran en una nueva dirección.

Cuando rastreo mi historia personal, puedo llegar a comprender cómo las oportunidades, percepciones, situaciones, sucesos, coincidencias, casualidades y causalidades han influido en mi vida.

Puedo ver que, si un pequeño detalle hubiera sido diferente, mi historia sería otra, con otras personas, en otro espacio, o con otra trayectoria de vida totalmente distinta.

Concibo mi vida como un complemento planteado, donde hay sucesos que moldean mi destino de una manera que quizás nunca imaginé.

Todo lo que hemos hecho con amor, desinterés, sinceridad regresa con una mayor proporción.

No importa cómo nos pagan los demás, las recompensas vienen de la generosidad de la vida. Esto no llena nuestro ego, sino el corazón.

No tengamos miedo de ser ambiciosos con nuestras metas. El trabajo duro nunca se detiene, tampoco deberían hacerlo nuestros sueños.

El temor, la ansiedad, el estrés, el nerviosismo, la inseguridad desaparecen cuando observamos el mundo conforme es y se desarrolla.

Identificar la red de conocimientos y experiencias que me rodean me hace darme cuenta de que hasta los sucesos más pequeños tienen un gran significado y trascendencia en mi vida.

Todos hemos experimentado eventos que pueden considerarse increíbles o asombrosos, son mensajes divinos que nos facilitan nuestro vivir y convivir cotidianos. También podemos considerar que son atisbos de lo milagroso.

Hay otros milagros que ocurren de manera cotidiana, son pistas de que el Universo nos reserva planes mucho más grandes de lo que jamás soñamos.

Tal vez sea más fácil ver el destino en retrospectiva, sobre las oportunidades, percepciones, situaciones, sucesos, coincidencias, casualidades y causalidades.

Siento que, mientras más atención les doy a esos acontecimientos, es más probable que aparezcan: si descubro el momento en el que se dan o suceden, de esa manera estaré en una mejor posición para aprovecharlos, lo cual significa que cada vez tendré mayor acceso y comprensión a los mensajes que se me envían respecto al rumbo que debe tomar mi vida. Además, mis conciencias e inteligencias se traducen en mayor energía positiva.

Al estar consciente de convertir mi vida en una expresión infinitamente creativa, para la que fue creada, y con ello vivir mis sueños más profundos, me estaré acercando a la realización.

Al establecer contacto con todo lo que existe en el Universo y que me une a dichos eventos, se me revela la maravilla oculta en mi interior y me deleito en mi gloria recién descubierta. Esto es el milagro del Sincrodestino.

Estos conocimientos no cambiarán nuestra vida de la noche a la mañana, tenemos que estar dispuestos a dedicarles el tiempo necesario cada día, así comprobaremos que los milagros no sólo son posibles, sino abundantes.

Los milagros ocurren todos los días, en cada hora y en cada minuto de nuestra vida.

En este momento las semillas de un destino perfecto están latentes en nuestro interior. Debemos liberar su potencial y vivir una vida mucho más maravillosa que cualquier sueño.

La fase final del Sincrodestino tiene lugar cuando alcanzamos plena conciencia de la interrelación de todas las cosas, de cómo cada una influye en la otra, de cómo están sincronizadas entre sí.

Estar en sincronía significa operar al unísono, como unidad.

Esta sincronía responde ante una gran inteligencia omnipresente que reside en el corazón de la Naturaleza de Dios Padre y que se manifiesta en cada uno a través de lo que llamamos alma.

Nuestra vida es una sorpresa continua. Nuestro pasado está lleno de notables coincidencias y casualidades que nos han hecho quienes somos ahora.

FRECUENCIA ENERGÉTICA

Nuestro mundo es un campo de energía. Nuestra
vida vibra en una frecuencia energética.

La energía puede ser positiva o negativa. Una frecuencia es la cantidad de veces que vibra (sube y baja), de manera positiva o negativa, una onda de energía durante un segundo y se mide en hercios o Hertz (Hz).

¿En qué frecuencia energética estamos vibrando? ¿Nuestras vibras son buenas o son malas?

¿De qué depende que sean buenas y cómo podemos hacer que así sean?

En la física cuántica, una vibración significa que todo es energía.

Somos seres que vibran en ciertas frecuencias energéticas y cada vibración equivale a un sentimiento.

En el mundo vibracional, existen sólo dos especies de vibraciones, la positiva (amor) y la negativa (miedo). Cualquier sentimiento hace que emitamos una vibración que puede ser positiva o negativa.

Tratemos de vivir nuestra vida en una frecuencia energética positiva, aunque en ocasiones nos contaminemos con malas vibras, vibras negativas, por involucrarnos con personas tóxicas o vivir situaciones desgastantes.

SIETE SITUACIONES QUE AFECTAN NUESTRA FRECUENCIA ENERGÉTICA VIBRATORIA:

1. LOS PENSAMIENTOS

Todo pensamiento, sentimiento y emoción emiten una frecuencia hacia el universo y esa frecuencia retorna al origen.

Ahora bien, en caso de que tengamos pensamientos, sentimientos, emociones negativas, tóxicos, de miedo, desánimo, tristeza, ira, rencor, envidia..., todo eso se vuelve hacia nosotros. Por eso es muy importante que cuidemos la calidad de nuestros pensamientos, sentimientos, emociones y aprendamos a cultivar pensamientos, sentimientos, emociones positivas.

2. LAS COMPAÑÍAS

Las personas que están a nuestro alrededor, que forman parte de nuestro entorno, de alguna manera influyen directamente en nuestra frecuencia energética vibracional.

Así, si nos rodeamos de personas positivas, emprendedoras, alegres, felices, que sonríen, son determinadas, generosas..., entraremos en una vibración energética positiva.

Sin embargo, si nos rodeamos de personas negativas, tóxicas, egoístas, envidiosas, mentirosas, maldicientes, pesimistas..., tengamos ¡precaución!, pues entraríamos en una vibración energética negativa. Estas personas pueden estar disminuyendo nuestra frecuencia energética y, como consecuencia, impidiendo hacer funcionar la Ley de la atracción a nuestro favor.

3. LA MÚSICA

La música es muy poderosa, su influencia en nuestras vibraciones energéticas, sean estas positivas o negativas, es muy alta.

El escuchar música que habla de muerte, traición, tristeza, sufrimiento, abandono, odio, rencor... nos contamina por sus malas vibras.

Por otra parte, si escuchamos música que habla del amor, de la vida, de la esperanza, de la alegría, de la felicidad, de la solidaridad..., sus buenas vibras fortalecen nuestra espiritualidad.

Todo eso va a interferir de alguna manera en nuestra frecuencia energética, en aquello en lo que vibramos, de manera positiva o negativa. Prestemos atención a la letra de la música que escuchamos, ella puede estar aumentando o disminuyendo nuestra frecuencia energética vibracional.

4. LAS COSAS QUE OBSERVAMOS

Cuando nuestra atención se focaliza en programas con contenidos de temas o nos involucramos en situaciones que abordan desgracias, muerte, odios, violencia, traiciones, envidias, pornografía..., simplemente nos contaminamos.

En cambio, si vemos programas con temas que tratan de amor, vida, esperanza, generosidad, empatía, bienestar, cosas que nos hagan sentir y ayuden a bien vivir y mejor convivir..., eso nos hará sentirnos muy bien.

Nuestro cerebro, específicamente la mente, acepta aquello que vemos como una realidad y libera toda una química en nuestro cuerpo, que afecta nuestra frecuencia energética vibracional de manera positiva o negativa. Vibremos en una frecuencia energética más elevada.

5. EL AMBIENTE

El ambiente donde vivimos y convivimos, sea en nuestro hogar, en nuestro ámbito laboral, social..., es un factor que considerar también en nuestra vibración: si pasamos gran parte de nuestro tiempo en un ambiente tóxico, desorganizado y sucio, eso afectará nuestra frecuencia energética vibratoria.

Mejoremos y perfeccionemos lo que está a nuestro alrededor, nuestro entorno.

Organicemos y limpiemos nuestro ambiente.

Demostremos al Universo que somos aptos para recibir mucho más, que somos dignos merecedores de todo lo bueno que la generosidad de la vida nos ofrece cotidianamente. ¡Cuidemos todo lo que ya tenemos!

6. LA PALABRA

Si acostumbramos reclamar, justificar nuestras equivocaciones o hablar mal de las situaciones y de las personas, esto afectará nuestra frecuencia energética vibratoria.

Para mantener nuestra frecuencia energética positiva elevada, es fundamental que eliminemos el hábito de juzgar, maldecir, criticar, engañar, envidiar, injuriar, menospreciar a nuestros semejantes.

Evitemos hacer dramas, sentirnos víctimas, buscar culpables. Asumamos nuestra responsabilidad por las decisiones que tomamos en nuestra vida.

7. LA GRATITUD Y GENEROSIDAD

La Gratitud y la Generosidad influyen positivamente en nuestra frecuencia energética vibratoria. Son buenos hábitos que debemos incorporar de inmediato a nuestra vida.

Comencemos por agradecer todo, por las cosas buenas y las que consideramos no tan buenas.

Agradezcamos por todas las experiencias que hemos vivido.

Y, ante todo, agradezcamos a Dios nuestro Padre por sus sabias decisiones que influyen en nuestra vida, aunque en ocasiones no las entendamos y nos causen incertidumbre y malestar.

La Gratitud nos abre las puertas, para que las cosas buenas fluyan positivamente en nuestra vida.

La Generosidad de un ser humano para con sus semejantes es el reflejo de una persona digna, capaz de dar alegría, para hacer sentir en los demás una felicidad tan sublime que influye positivamente en las vibraciones energéticas de ambos.

Así que dejemos que la frecuencia energética positiva despierte nuestras conciencias, abra nuestra mente, sensibilice nuestro corazón, expanda nuestro intelecto, para expresar al mundo nuestras bendiciones, amor, paz, agradecimiento, armonía, comprensión, perdón...

Que la vida siga fluyendo, para seguir andando con optimismo y entusiasmo en nuestro Camino de Vida. Hagamos de nuestra vida una obra maestra.

Caminemos en una frecuencia energética positiva con alegría, optimismo, entusiasmo, de manera inteligente en nuestro Camino de Vida.

Vayamos lejos de discusiones que no nos llevan a ninguna parte, sólo al enojo, a la molestia, al resentimiento .

Alejémonos lo más lejos posible de personas egoístas, calumniosas, envidiosas, chismosas, mentirosas, soberbias e intransigentes.

Tomemos distancia de cualquier sentimiento, pensamiento, creencias, ideologías que nos someten la voluntad, que nos limitan nuestro espíritu emprendedor.

Andemos con la velocidad necesaria para dejar atrás a nuestros miedos, pues paralizan nuestros sueños.

En este mundo tan maravilloso como enigmático vibramos en una frecuencia energética, tanto positiva como negativa.

Generamos buenas o malas vibras, así como las sentimos.

Seamos inteligentes para detectarlas oportunamente y tratemos a la gente tóxica con inteligencia. Una persona que vibra en una frecuencia energética positiva cree, confía en sí misma, en los demás, tiene Fe y Esperanza en la vida; ve el lado positivo de un problema o conflicto, y le da la solución más conveniente.

No podemos tener una vida positiva con una mente negativa; como tampoco podemos vibrar en una frecuencia energética positiva, con una mente negativa.

Podemos vibrar en una frecuencia energética positiva, siempre y cuando tengamos una mente positiva.

Tener pensamientos positivos nos provee una alta carga energética.

El Universo devuelve a las personas una onda energética similar a la emitida. Hagamos afirmaciones positivas, en cada ocasión que lo amerite, pues así nuestros pensamientos envían una frecuencia energética positiva al Universo, el cual nos devuelve la misma vibración positiva, para lograr que nuestra afirmación positiva se cumpla.

Visualicemos nuestros proyectos hechos realidad, mediante nuestra imaginación creativa, esto también genera una frecuencia vibratoria positiva. El proyecto debe estar en gestación dentro de nuestro subconsciente para poder concretarse en la realidad.

Sintamos lo que deseamos por medio de nuestras emociones, vibrando en la misma frecuencia.

Neuroasociar nuestros recuerdos y corroborar si responden a la realidad es una manera de distinguir entre lo que es real de un mero recuerdo o una imaginación.

Observemos nuestro sentir sobre lo que pretendemos ser o hacer.

Nuestras energías: física, mental, emocional, espiritual las debemos fortalecer para vibrar en una frecuencia energética positiva.

Todo aquello en lo que creemos, lo creamos.

INTUICIÓN

Nuestra intuición presiente.
Nuestro presentimiento intuye.

La Intuición es la: voz que nos guía en silencio desde nuestro interior, que nos lleva a nuevos caminos, conocimientos, mediante la comprensión o percepción inmediata de algo, y sin la intervención de la razón. La intuición es una habilidad para conocer, comprender o percibir algo de manera clara e inmediata; es una cualidad con la que nacemos y la desarrollamos en la vida: debemos escucharla y prestarle atención.

Le damos mucha importancia al intelecto, a pensar las cosas con mucha vehemencia, y muy pocas veces nos dejamos llevar por nuestra propia intuición. La intuición es uno de los poderes más grandes que tiene el ser humano, porque es la voz de su espíritu emprendedor.

Sin embargo, esa voz de la intuición es precisamente la que tendríamos que seguir. Así, en vez de dar tantas vueltas al intelecto y a la mente, simplemente digamos: ¡LO HAGO YA!, ahora en este preciso momento.

Algunos sistemas educativos ahogan nuestra propia intuición, encasillándonos y programándonos con pensamientos preconcebidos que formatean y encasillan el cerebro.

El director del Instituto del Cerebro en Milán, durante una conferencia, dijo una frase: "Genio se nace y a imbécil se llega". Y entre el público alguien preguntó: "Profesor, ¿qué hay entre medias?", a lo que el profesor contestó: "El sistema en el que nos educamos unos a otros".

Es por eso por lo que, en el hoy, que es el día más que ningún otro, porque es el que tenemos, debemos prestar atención a las señales que nos envía nuestra mente y, sobre todo, nuestra intuición a la hora de tomar decisiones.

No dejemos que nuestros miedos nos confundan y nos alejen del camino correcto o actúen como interferencia a la hora de tomar una decisión. Moverse a través del miedo fortalece la intuición.

En nuestro caminar por la vida, tenemos dos sistemas para pensar: el rápido e intuitivo inmediato y el analítico reflexivo. Ambos son útiles: el intuitivo nos ayuda a sobrevivir y decidir bien, y el analítico nos sirve para resolver problemas y enfocarnos en las soluciones.

La intuición es la voz de la percepción, una voz silenciosa que escucha nuestro Espíritu Emprendedor, para tomar decisiones acertadas en nuestro camino por la vida, las cuales nos simplifican nuestra vida, ya que nuestro bienestar será mayor al tomarlas desde nuestra intuición.

Grandes personajes son intuitivos y han tomado sus mejores decisiones de vida mediante la intuición o por inducción.

PRESENTIMIENTO

Uno de los conceptos más misteriosos del ser humano se remite al terreno mental, al ámbito de los pensamientos y el subconsciente. La realidad es que, por más que queramos, no podemos acceder fácilmente a nuestro propio subconsciente, ni siquiera a la conciencia de otro ser humano.

Cada persona es libre de su verdad interior y de aquello que quiere compartir o no con los demás, así como de la medida en que desea hacerlo.

Es importante hablar también de aquellos pensamientos que sentimos que no contienen el mismo nivel de certeza y que, sin embargo, están basados en una intuición que va más allá de lo racional y de la lógica.

Este tipo de presagios inconscientes nos producen un cierto nivel de confusión: ¿qué es un presentimiento?, ¿en qué consiste?, ¿cómo saber si un presentimiento es bueno o malo? Tener un presentimiento es tener una sensación o premonición de que algo va a suceder.

Los presentimientos surgen en forma de pensamientos furtivos que aparecen en nuestra cabeza rápidamente y nos dejan una sensación extraña. Un presentimiento puede nacer de la intuición y volverse un pensamiento totalmente consciente; también se puede definir como premonición o pronóstico de futuro. Aclarando que es un proceso mental poco estudiado dada su naturaleza poco científica.

Seguramente, muchos de nosotros podríamos decir que hemos tenido algún tipo de presentimiento en nuestra vida, alguna sensación de que iba a ocurrir algo bueno o malo en un día concreto; hasta es probable que hayamos acertado con ese presentimiento; sin embargo, no existen evidencias de que los presentimientos sean fenómenos capaces de "visualizar el futuro".

Para poder distinguir si un presentimiento es de naturaleza positiva o negativa, tenemos que prestar atención a nuestras sensaciones internas: si ha sido tan furtivo que ha pasado sin que lo podamos analizar, tendremos que examinar las sensaciones que nos ha dejado.

Si la sensación es positiva, estaremos hablando de un presentimiento de que algo bueno va a ocurrir. Si, de lo contrario, la emoción es negativa, estaremos hablando de un mal presagio.

Es normal tener un cierto miedo ante un mal presagio, nadie desea que le ocurra nada malo en la vida. No obstante, vivir con miedo constante no resulta una buena solución, ya que este miedo puede derivar en ansiedad y estrés.

Darles fuerza a nuestras decisiones conscientes aumenta nuestras fortalezas personales y nuestra capacidad de responsabilidad.

¿Los presentimientos son reales? A pesar de que no hay evidencias científicas que demuestren rotundamente la existencia de pensamientos que adivinen nuestro porvenir, hay estudios que afirman que el cerebro humano está diseñado para percibir el futuro. Hablan de estructuras neuronales que podrían llegar a estar destinadas a la percepción de todos los planos temporales (presente, pasado y futuro).

Lo que resulta innegable es que hay momentos y situaciones en los que creemos las hemos vivido, que algo que estamos viviendo ya lo vivimos, (este efecto se conoce como un déjà vu) o en los que, de pronto, tienes una corazonada muy fuerte que te resulta inexplicable. Es difícil definir qué sucede, pero así es.

En muchas ocasiones, conviene tener cuidado a la hora de no confundir los presentimientos con la negatividad. Hay personas que viven conectadas permanentemente con el pensamiento negativo, y como siempre piensan en la fatalidad; cuando sucede lo peor, creen que ya lo sabían: hacen un acto de autoafirmación.

Lejos de pensar así, lo mejor es que siempre conservemos en la mente aquellas corazonadas positivas que se cumplieron y que nos dejaron un grato sabor en nuestra alma.

El funcionamiento del ámbito mental produce asombro incluso a los propios científicos, que no paran de investigar sobre esta cuestión al igual que lo han hecho durante muchos siglos los filósofos, por ejemplo, Descartes.

Es probable que con el paso del tiempo podamos esclarecer cómo funciona nuestro inconsciente y dónde están los límites de nuestra mente, pero, de momento, tendremos que conformarnos con vivir estos presentimientos y aprender a detectarlos.

Todo lo que intuimos viene de presentimientos alimentados por informaciones agradables y desagradables que, en determinada situación, aparecen en nuestra mente para influir en nosotros de manera positiva o negativa.

SENTIDO COMÚN

El sentido común es el arte de resolver los problemas y conflictos, no de crearlos.

El sentido común es la capacidad de visualizar y opinar razonablemente sobre las situaciones y eventos de la vida cotidiana, para, con ello, decidir congruentemente. Es lo que se le conoce como sabiduría.

Si perdemos el sentido común, ¿corremos el riesgo de perder el sentido de la vida?

Tener sentido común es poder disponer de conocimientos, creencias y vivencias fundamentadas en la sabiduría popular o experiencia personal que hemos acumulado a través de los años, para que nuestras decisiones sean lo más acertadas posibles.

Tener sentido común en la vida nos evita tener menos equivocaciones e incurrir en errores que nos afectan perjudican nuestra vida.

"El sentido común es algo que todo el mundo necesita, pocos lo tienen y ninguno piensa que lo necesita", Benjamin Franklin.

Mi vida no son espejismos, es intuición,
instinto y sentido común.

COMUNICACIÓN Y LIDERAZGO

La Comunicación es al liderazgo lo que el
Liderazgo es a la comunicación.

Cuando se da una buena comunicación y somos claros y precisos en lo que queremos decir, evitamos falsas interpretaciones y suposiciones. De este modo, tampoco nos dejaríamos llevar por rumores sin fundamento que nos pueden hacer ver cosas como simples especulaciones.

Si entendiéramos lo importante que es la comunicación en nuestra vida, evitaríamos muchos problemas y conflictos, e influiríamos de manera positiva en nuestra vida y en la de los demás.

La comunicación es la llave que abre la puerta del liderazgo. El valorar nuestra comunicación nos hará mucho bien. Antes de hablar procuremos pensar lo que vamos a decir, qué deseamos conseguir, a dónde queremos llegar.

Las letras forman palabras, las palabras frases, las frases dan sentido a lo que expresamos..., entonces ¡¡¡entendamos!!! el verdadero valor que significa el poder comunicarnos adecuadamente.

Valoremos los conocimientos sobre la comunicación, la cual es capaz de hacernos reflexionar y generar los cambios necesarios para ser mejores personas.

En la comunicación, la palabra es fundamental para expresarnos ante el mundo. Cuando la palabra se sustenta en acciones, tiene la suficiente fuerza para expresar credibilidad y confianza.

Un lenguaje de hechos, no de palabras bonitas, es lo que debe prevalecer para fortalecer la comunicación y el liderazgo.

Las palabras dichas son promesas que pronto se olvidan.

Las acciones que se vuelven hechos dan certeza y seguridad.
Menos palabrería, más hechos tangibles y concretos.

LIDERAZGO

Si queremos ser auténticos Líderes debemos
guiarnos con conocimientos, valores
éticos y una buena comunicación.

Un buen Liderazgo se forja con el temple de la Oratoria. No se concibe a un buen Orador sin ser un buen Líder; como tampoco se concibe a un buen Líder sin ser un buen Orador.

Líder es la persona con condiciones para desarrollar liderazgo, quien tiene habilidades para dirigir e influir en la forma de ser y actuar de las personas o en un equipo de trabajo determinado, haciendo que este se aboque hacia el logro de sus metas y objetivos.

El Liderazgo es una característica innata de nuestra Naturaleza Humana, que se reconoce en las personas que tienen la visión para alcanzar las metas que un grupo se propone. Es la luz que orienta el camino que conduce al éxito.

El líder es capaz de ejercer su influencia positivamente, usar su poder de convencimiento, conocimientos y experiencias para ayudar a todos los participantes en la comunidad a integrarse al grupo.

El Líder genuino proporciona su aliento, estimula a las personas y crea un entorno amable y carismático, en el que se desarrolla la confianza interpersonal y la solidaridad para actuar.

Dentro de cada persona, hay un orador y un líder, con una capacidad natural para orientar y conducir a quienes lo rodean y organizarlos para que todo marche como debe ser.

Creamos y confiemos en nosotros mismos, en las personas, en la generosidad de la vida, para comenzar a activar todo el mecanismo del Universo.

Un buen Líder ejerce un liderazgo sin miedos a los retos, a los desafíos, tan sólo requiere de algo que lo inspire, motive y que lo impulse para despertar su conciencia emprendedora, activar su espíritu emprendedor y lograr el éxito esperado.

Un líder carismático nunca necesitará del reconocimiento para entrar en acción, sin embargo, es reconocido por sus acciones transformadas en resultados tangibles; brilla por sus características personales y por la empatía que tiene con las personas con las que participa, gracias a su apoyo y orientación.

El liderazgo también se entiende como la capacidad de delegar, tomar la iniciativa, gestionar, convocar, promover, incentivar, motivar y evaluar un proyecto de forma eficaz y eficiente, sea este personal, gerencial o institucional (dentro del proceso administrativo de la organización).

Comunicación eficaz: Líder eficiente;
Líder eficaz: comunicación eficiente

ESPÍRITU EMPRENDEDOR

La energía de un espíritu emprendedor fluye hacia donde se encuentre nuestro foco de atención. Seamos conscientes desde dónde enfocamos.

El Espíritu Emprendedor es esa energía vital que emana de nuestra inspiración creativa, es la fuerza que nos impulsa y motiva para hacer realidad lo que nos proponemos ser o hacer en nuestro camino de vida.

Un espíritu emprendedor es más que tener una mente innovadora, también se refiere a características y actitudes propias del emprendedor inteligente, que pueden ser innatas o aprendidas y que son la base del éxito.

La vida es una empresa, el ser humano es un emprendedor que debe aplicar su inteligencia de una manera organizada.

El éxito le llega a su debido tiempo y en su respectivo espacio.

Quienes saben cómo organizar su vida pueden administrar cualquier empresa.

Un Emprendedor con Inteligencia Organizacional tiene un espíritu emprendedor y aplica su inteligencia de manera organizada en un proceso administrativo, para que sus probabilidades de éxito sean mayores de las esperadas.

Algunas características de un Emprendedor Inteligente son enunciativas, mas no limitativas. Son las siguientes:

1. Tiene Inteligencia Organizacional: aplica sus conocimientos de manera organizada en un proceso administrativo, para tener éxito en lo que emprende. Es un estratega natural.

2. Sabe cómo aprovechar las oportunidades, tomar decisiones acertadas en su vida, en sus proyectos.

3. Comprende cómo elegir las mejores decisiones en las relaciones con sus semejantes y demás seres vivos.

4. Optimiza los Recursos: Humanos, materiales, financieros. Hace más con menos, sin deterioro de la calidad.

5. Invierte en las personas, sabe que es la mejor inversión. Las capacita, les da asesoría, apoyo económico; les ayuda a ser emprendedores inteligentes. Sabe ser agradecido.

6. Cree y Confía en las personas, hasta que le demuestran lo contrario. Valora la palabra dada para acordar compromisos. Perdona, olvida y sigue adelante.

7. Tiene su Misión, sus Propósitos, Proyectos, Visión, Principios, Valores, Políticas… bien definidos.

Cualquier persona con buena actitud y disposición puede aprender, desarrollar y aplicar dichas características en cualquier proyecto que pretenda emprender.

En nuestro caminar por la vida, nuestras visiones son esas percepciones creativas e inspiradoras para hacer realidad nuestros proyectos cuando sea su momento, porque así debe ser.

Los emprendedores de éxito son quienes tienen una percepción de la realidad y un enfoque en las soluciones, no en los problemas.

El dinero, la fe, la esperanza no hacen que las cosas nos sean fáciles, las hacen posibles. Porque nuestros proyectos y planes tienen la bendición de Dios Padre, la generosidad de la vida y la orientación del Espíritu Santo.

Un espíritu emprendedor, mediante su poderosa energía, tiene la particularidad de atraer todo aquello que la generosidad de la vida le ofrece, sólo debe ser conscientes de ello y aprovechar lo que se le da.

El trabajo interior que hace nuestro espíritu emprendedor es el aprender a manejar y controlar nuestros pensamientos, sentimientos, emociones para llegar a comprender qué es eso que consciente o inconscientemente le pedimos a la generosidad de la vida.

El dialogar con nuestro maestro interior, es un vínculo de comunicación personal.

Tengamos fe. De nada sirve visualizar y agradecer si realmente no creemos ni confiamos en que será posible.

Vivamos cada día con la certeza de que nuestro proyecto o deseo ya ha ocurrido, en algún espacio-tiempo, sólo falta su encuentro.

Cuando los sueños son realidades, es porque las
realidades comenzaron con un sueño

ESPERANZA

La esperanza es vida; la vida es esperanza.

Esperanza es creer y confiar en Dios Padre, en la generosidad de la vida, en uno mismo, nuestros semejantes y los demás seres vivos.

La esperanza es más que el optimismo, no es la convicción de que algo saldrá bien, sino la certeza de que algo tiene sentido en la vida. El ser humano "muere" en vida cuando la esperanza se le esfuma, desaparece, termina.

De lo más sublime que puede tener una persona es ayudar a una sociedad a tener esperanza y conservarla; esta debe prevalecer en cualquier escenario de la vida, para darle al ser humano razones de ser y hacer.

La esperanza es el sueño de todo emprendedor y el despertar de sus conciencias.

La esperanza puede ser una energía muy poderosa, cuando sabemos lo que deseamos.

Julio Novoa Menchaca

La esperanza es esa luz que ilumina nuestra vida para que nuestro camino no sea tan oscuro.

La esperanza reside en la imaginación, en nuestros sueños y en la determinación para atrevernos a convertir los sueños en realidad.

Tenemos esperanza cuando creemos que podemos mejorar las cosas, porque son tan posibles como perfectibles.

Ni somos perfectos ni las cosas son perfectas, sólo podemos perfeccionarlas cuando tenemos determinación y esperanza. Los deseos y sueños comienzan como esperanzas y terminan como hábitos. Sin esperanza se extinguen las razones para bien vivir y mejor convivir.

La esperanza es una fuerza poderosa cuando se trata de superar los mayores retos y desafíos de la vida.

La esperanza vive en esta obra, porque la escribí con esperanza: cada página está hecha con pasión, emoción e ilusión.

Tengo la confianza de orientar al lector durante su caminar por la vida, a decidir por lo mejor para vivir y convivir, siempre con la esperanza de aprender a ser una mejor persona.

Luceros de esperanza, iluminen mi existencia humana.
Me despierto con su luz para alegrar mi día.

¡Hablemos actuando! Solo así le daremos valor a nuestras palabras. Los verdaderos cambios se hacen con acciones, no con palabrería.

-Írbiloc7-

CAPÍTULO 3

CREDIBILIDAD Y CONFIANZA

*Creamos y confiemos en nosotros hasta
que nos demostremos lo contrario.*

La credibilidad y la confianza hacen del ser humano una persona íntegra. Creemos que sea posible el que creamos y confiemos en nuestros semejantes.

CREDIBILIDAD

Una de las peores cosas que le puede pasar a una persona es la pérdida de la credibilidad y la confianza.

Siete consideraciones sobre la CREDIBILIDAD:

1. La credibilidad se construye con hechos, no con palabras.

   Pongamos más atención en nuestra credibilidad; seamos personas merecedoras de que crean en nosotros. Cuando les gustamos a las personas, nos escuchan, si creen en nosotros, hacemos negocios.

2. Tenemos credibilidad cuando parecemos confiables, la perdemos cuando empezamos a mentir, a engañar. La credibilidad de la verdad es a veces inverosímil, de ahí el parentesco cercano que tiene la credibilidad con la congruencia. No hay nada más creíble que la mentira.

3. La credibilidad no hace distinciones entre diferentes percepciones falsas, su finalidad es distinguir entre la verdad y la falsedad. Una buena historia es consecuencia de la credibilidad que nos inspira el narrador. Para poder creer en los demás, no debemos tener dudas.

4. La credibilidad se logra con dificultad y se pierde tan fácilmente que no lo creemos. Las personas que tienen fama de mentir, aunque hablen con la verdad, no son confiables. El tratar de aparentar lo que no somos nos hace ser personas nada confiables.

5. Llegar a tener fama, o sea, una buena reputación, se debe a la credibilidad que las personas tienen sobre nosotros. Quienes juran hasta el punto en que nadie confía en ellos mienten hasta que nadie les cree y piden prestado hasta que ya nadie le da. Al final se tienen que ir a donde nadie les conozca.

6. La credibilidad se fundamenta en la integridad moral de las personas que hablan con la verdad para que los demás puedan creer en ellos. La mayoría de las buenas relaciones se basan en la credibilidad, confianza y respeto recíprocos. Las palabras de una persona tienen credibilidad de acuerdo con sus antecedentes intachables.

7. Cuando un escritor pierde credibilidad, se afecta su prestigio y se deteriora el respeto que los lectores tienen sobre sus escritos. Un escritor optimista hace un buen libro, cree en sí mismo y nunca pierde la confianza ni la esperanza.

La credibilidad no la compramos, se gana. Nuestra credibilidad se gana con hechos. Hagamos lo que decimos.

CONFIANZA

Los cimientos de la confianza no son palabrería, son actos tan transparentes como sólidos. Al confiar en otra persona, no analizamos lo que nos dice, simplemente lo aceptamos y asimilamos.

Siete consideraciones sobre la CONFIANZA:

1. La confianza es un sentir de que podemos confiar en nosotros mismos, nuestros semejantes, en la vida. Cuando nos sentimos confiados actuamos con mayor seguridad, sin miedos con amplia libertad. Quienes cumplen sus promesas son personas confiables y respetadas.

2. Confiar no es fácil; saber en quién confiar, tampoco. Realmente nunca sabremos en quién confiar, sólo hay que hacerlo y ver lo que resulta. Cuando existe la confianza, nuestra comunicación es fácil y veraz.

3. Ganamos la confianza de aquellos en quienes ponemos la nuestra, porque la confianza es algo que se obtiene con el tiempo y no se le da a cualquiera. No nos molestamos porque nos hayan mentido, nos enoja que, por consecuencia, no podremos confiar. Incluso la menor mentira hace que perdamos la confianza en una persona.

4. Quienes confían en nosotros, nos enseñan y orientan en nuestra vida. La confianza comienza con una verdad y termina por una verdad: cuando nos hablan con la verdad, confiamos. El amor no puede convivir donde no hay confianza, no es posible amar a una persona en la que no podemos confiar: sin confianza no se da el amor.

5. Confiar en otras personas es también importante, porque las necesitamos para resolver situaciones en nuestra vida. Existe una manera de saber si alguien es confiable, sólo observemos lo que ocurre cuando confiamos en él. Cuando las personas se ganan nuestra confianza, es porque creyeron en nosotros.

6. La pérdida de confianza en una persona es no tener más una relación con ella. El perdón debe ser inmediato, pero la confianza debe ser reconstruida con tiempo.

7. Se necesita demasiado tiempo para volver a confiar en alguien que nos defraudó, incluso cuando hayamos perdonado su error.

Tener confianza en uno mismo es algo esencial para llevar una vida con bienestar mental. La verdad es el aval de la confianza. El amor no puede convivir donde no hay confianza. La confianza nos la ganamos, el respeto se da, la lealtad se demuestra. Si se traiciona alguna de las tres, se pierden todas.

MENTIRA

La mentira y el engaño tienen fecha de caducidad, al poco tiempo se descubren y al mismo tiempo desaparecen para siempre.

Siete consideraciones sobre la MENTIRA:

1. Una persona que hace de la mentira un estilo de vida vive una vida falsa. Se puede llegar demasiado lejos con las mentiras, pero ya no se puede regresar. Con insignificantes mentiras, se pierden grandes negocios y maravillosas personas.

2. Cuando una persona llega al extremo de creer en sus mentiras, vive una vida ficticia, en un mundo irreal. No hay decepción más ingenua que cuando nos mienten y ya sabemos la verdad. Las mentiras son lo más fácil de inventar.

3. Cuando alimentamos nuestra mente con mentiras, esta procesa esas mentiras como "verdades", lo que vulnera nuestro intelecto al sembrar dudas e incertidumbre en nuestro razonamiento. Vivimos en un mundo de falsedades, fabricando fantasías para no traumarnos. Las mentiras, por más pequeñas que aparenten ser, terminan por ensuciar la más limpia de las intenciones.

4. La mentira se ha convertido en un arma destructiva muy poderosa, lo paradójico de esto es que ese poder se lo otorgan las mismas personas al dar por "hecho"

aquello que es falso, aunque carezca del sustento de la verdad. Los que dicen una mentira se obligan a inventar muchas más para sostener la "verdad" de la primera. Las mayores mentiras no son las que nos dicen, son aquellas en las que creemos.

5. Nosotros no tenemos por qué continuar creyendo lo que no es verdad, porque es mentira, a no ser que así lo elijamos. Si algo debe aprender el ser humano en la vida es que las mentiras se ponen en contra de quien las dice. Las verdades duelen sólo una vez, las mentiras..., cada vez que se recuerdan.

6. El gran valor de la palabra se devalúa con la mentira y se degrada con las mentiras sucesivas. Las personas nos distanciamos a causa de la mentira y el engaño. Pongamos mucha atención: las mentiras, los engaños y la traición caminan juntas.

7. Las mentiras ofenden a los inteligentes; a los ignorantes les dan "esperanza". El ser humano tiene la necesidad de creer en algo, y cree en las mentiras cuando no encuentra verdades en que creer. No destruyamos con nuestras mentiras, amemos con nuestras verdades.

Para no dañarnos procuramos decirnos mentiras piadosas, entonces fingimos creerlas y todo está "bien".

CONCIENCIAS

Cuando seamos capaces de despertar nuestras Conciencias, seremos más conscientes de nuestras realidades.

La generosidad de la vida nos da la oportunidad de despertar nuestras Conciencias para ser conscientes de que sólo va a depender de nosotros cómo vivir y convivir en nuestro Camino de Vida.

¿Realmente tenemos Conciencia?

Conciencia es el conocimiento reflexivo de las cosas de que disponemos para organizar y desarrollar nuestras capacidades, con la intención de perfeccionar nuestra naturaleza humana y consolidar esa esencia espiritual que nos orienta hacia el verdadero sentido de nuestra existencia.

El tener Conciencia es ser conscientes de sentir la satisfacción de realizar todo aquello que contribuya al bienestar del mundo y lograr esa paz interior capaz de expresar y trascender más allá de las limitaciones y del entendimiento humano.

Crear Conciencia es reconocer los atributos esenciales de cada uno, experimentando el conocimiento interior de las fuerzas del bien y el mal.

El Despertar de las Conciencias es estar consciente de nuestras realidades en nuestras diversas Conciencias, de esas situaciones y circunstancias que nos suceden durante nuestro Camino de Vida.

Seamos Conscientes de nuestra naturaleza humana, así como también de nuestra esencia espiritual; eso nos da la inteligencia, la humildad y la fortaleza para controlar y someter a nuestro ego, más allá de nuestros deseos y limitaciones humanas.

La Vida es tan generosa que nuestras Conciencias nos permiten ver las oportunidades, las herramientas y los medios para descubrir cómo lograr lo que deseamos ser y hacer en la vida, a pesar de que algunas veces la miopía de nuestras conciencias nos impide ver esas oportunidades.

Seamos conscientes de nuestras realidades en un mundo de opuestos, donde podamos entender sus significados para seguir caminando por la vida con mayor seguridad, entusiasmo, alegría, determinación, paciencia, serenidad, humildad, perseverancia...Como personas que andamos en el Camino de nuestra vida, debemos despertar nuestras Conciencias.

ESTADOS DE CONCIENCIA:

1. HUMANA
2. PERSONAL
3. FAMILIAR
4. MARITAL
5. SOCIAL
6. EMPRENDEDORA
7. ESPIRITUAL

CONCIENCIA HUMANA

Tener Conciencia Humana es reconocer y aceptar que somos Seres Humanos, una personalización de la vida e individuos perfectibles. Nuestra naturaleza humana es perfectible, no perfecta. Perfecta es nuestra esencia divina.

Somos el resultado de un acto de amor, una personalización de la vida, una parte importante del Cosmos. En este estado de Conciencia Humana, empezamos a caminar por el camino de la vida, dando ciertos pasos que nos permiten ir asimilando conocimientos y experiencias para poder hacer que nuestro desarrollo humano sea congruente con lo que queremos en la vida y nos facilite el poder ser personas que disfrutan vivir plenamente y con excelencia su existencia material.

CONCIENCIA PERSONAL

Somos una personalización de la vida: personas libres que debemos asumir compromisos de manera responsable.

Nos consideramos seres únicos, responsables de nuestras decisiones y de mantener el control sobre nuestro cuerpo y mente.

Cada Ser Humano personaliza su vida al comprometerse y asumir sus responsabilidades. La capacidad que adquiere por medio de su superación personal le va a facultar y facilitar el ejercicio de su liderazgo, logrando manejar su vida de la mejor manera posible.

CONCIENCIA FAMILIAR

La familia es una bendición, seamos agradecidos. El ser parte de una familia es una bendición otorgada por el Supremo Creador, nuestro Padre celestial.

Tener un padre, una madre y hermanos es un privilegio que se debe agradecer, una responsabilidad que nos hace estar más comprometidos en ayudar a quienes no tuvieron esa oportunidad de contar con una familia y tener una convivencia familiar.

Tener un ambiente familiar honorable donde prevalezcan los valores es de suma importancia para educarse en ser una auténtica persona.

La enseñanza y el aprendizaje constante de los miembros de la familia es fundamental para un óptimo desarrollo.

El ámbito familiar es la mejor escuela para aprender a ser excelentes personas hasta asimilar todo aquello que creemos que es bueno y desechar lo que consideremos desfavorable para nuestro desarrollo personal.

Quienes son parte de una familia tienen un deber moral: corresponder de alguna manera con aquellos que no tuvieron esa fortuna.

Cultivar el amor y la alegría, el ser prudentes y tolerantes, el servir y compartir, el ser emprendedor y perseverante, el perdonar y olvidar, el saber dialogar y escuchar, el vivir y convivir son, entre otros, aprendizajes que nos deben dejar enseñanzas provechosas para todos los que integramos el ámbito familiar.

Constantemente, la naturaleza compensa de alguna manera las carencias humanas.

La armonía familiar es resultado de la prudencia y la tolerancia humana, no tiene nada que ver con el estatus social, ni la situación económica, ni ideologías o el profesar o no alguna religión.

La mejor herencia que los padres de familia pueden dejar a sus hijos es una Educación Formativa Integral, donde se aprende a ser persona. Se empieza en el hogar, continúa en la escuela y se complementa en la vida.

Tampoco nos engañemos, el tener una familia no es garantía de ser felices, debemos esforzarnos habitualmente en ello y poner lo que nos corresponda como integrante de la familia.

CONCIENCIA MARITAL

El ser conscientes de una relación marital es asumir un compromiso, tener una convivencia responsable entre dos personas llamadas cónyuges, esposos...

Sexualidad. Satisfacer una necesidad biológica o expresar un amor genuino es una decisión importante que debemos tomar en algún momento de nuestra vida.

Una sexualidad sana nos lleva a vivir satisfactoriamente nuestra relación conyugal y convivir con armonía en nuestra vida marital.

Es un proceso confuso por la falta de cultura sexual a causa de creencias erróneas y los prejuicios sociales.

A partir del nacimiento, la persona comienza el proceso para su desarrollo sexual, empieza por descubrir sus diferencias orgánicas buscando continuamente respuestas, asimilando conocimientos y experiencias.

¿Qué tantas prohibiciones, información incorrecta e inconveniente tuvimos que soportar durante nuestro desarrollo sexual? Las etapas del desarrollo sexual se comienzan a vivir en la niñez, continúan en la adolescencia y se deben afirmar en la vida adulta.

Un desarrollo sexual sano en el Ser Humano va a influir de manera positiva en su vida marital, familiar, con sus semejantes, en el noviazgo y durante su vida en general.

Disfrutar de una sexualidad saludable es vivir una vida más plena y una convivencia más placentera. La sexualidad del ser humano es la afirmación de su naturaleza, con características propias que debe complementar a su debido tiempo con la persona que llene sus expectativas.

Es de gran importancia la madurez sexual de las personas que deciden unir sus vidas para convivir y pensar en establecer una familia.

Debemos tomar en cuenta y valorar nuestras percepciones, conocimientos, creencias y experiencias durante nuestro proceso de desarrollo sexual.

La realidad y el espejismo sexual van a ser la diferencia de una convivencia en armonía o una incompatibilidad que acabará por disolver la relación entre dos personas.

Expresar la sexualidad sin corromperla, con el respeto que se merece el instinto sexual, es poder disfrutar de una relación íntima que exprese el genuino amor, la total entrega sin restricción ni egoísmo, la satisfacción sublime, no la euforia de una necesidad fisiológica fomentada por la pornografía, que es la aberración que prostituye el instinto sexual.

Matrimonio. La sociedad formaliza, por medio de la Institución del matrimonio, el vínculo de dos personas que han decidido con plena libertad formar una familia, que creen en ellos sin condiciones, que expresan su amor recíprocamente en cada momento de su vida.

Cuando amamos a una persona, hacemos todo lo posible para que el amor prevalezca y que nada pueda someterlo.

Es imprescindible entender que el matrimonio es un compromiso personal y una responsabilidad compartida. El Yo y el Tú se deben transformar en Nosotros. Mientras más sea el Nosotros, mayor será la armonía y más sólida será la relación.

No se trata de imponer creencias, es encontrar mutuamente la mejor manera de comunicarse y, en su caso, prevenir los malentendidos.

No es solamente "Yo soy", es "Nosotros": una relación debe ser una interdependencia perfecta, donde primero deben ser los esposos, antes que los demás.

No se deben interponer situaciones que pongan en riesgo la armonía conyugal.

Un matrimonio no debe admitir intromisiones que deterioren su estabilidad, deben predominar siempre sus intereses primordiales sobre cualquier otro.

La conciencia del amor marital hace que los amantes hagan de la ilusión una sublime realidad, para darle vida a la pasión que se niega a extinguirse en la penumbra del idilio primaveral.

En la vida marital debemos ser conscientes de que tenemos necesidades tan diferentes como semejantes, lo que nos hace ser más perceptibles de nuestra condición humana. Con el tiempo probablemente se logre hacer que esas necesidades personales tengan más intereses afines.

Si las decisiones que involucran a los esposos son plenamente valoradas y aceptadas de común acuerdo, van a fortalecer su vida marital.

Es frecuente que los conflictos se den por malentendidos. Al hacer buen uso de nuestra facultad de dialogar y nuestra disposición de escuchar, podemos evitar situaciones desagradables que vulneran la armonía conyugal.

Los valores humanos son parte fundamental en un matrimonio, para que este crezca sensatamente. Se facilitan las relaciones interpersonales, creando una atmósfera más cordial y placentera.

La relación de dos personas dentro del matrimonio debe ser el complemento para su realización, tanto personal como de pareja, aceptando un compromiso y una responsabilidad para vivir y convivir a plenitud y en armonía.

Los esposos deben descubrir diversas maneras de fortalecer su amor, lo que sólo ocurre si existe la reciprocidad de pensamientos, sentimientos, emociones.

Saber cuándo es sensato hablar y ser prudente al escuchar aumentan las posibilidades de una mayor concordia entre los cónyuges.

Cotidianamente, la vida conyugal nos presenta diversos escenarios para adquirir experiencias que influyan en nuestro crecimiento marital, logrando una mayor madurez que se manifiesta en una mejor actitud.

Una comunicación recíproca, constante, honesta y respetuosa en la vida marital puede prevenir conflictos, crisis y, sobre todo, malentendidos.

El desarrollo conyugal se va dando cotidianamente con esos pequeños pero a la vez grandes detalles, que son los que cimientan un buen matrimonio: no deben faltar, son necesarios, alimentan el espíritu, hacen los momentos más agradables y las aflicciones se hacen soportables; previenen conflictos y le dan la sensatez necesaria para ver con certidumbre el porvenir marital.

Cuando hay amor en la vida matrimonial se facilitan las cosas. El amor hace sentir en cada esposo el apoyo necesario para alcanzar sus metas y lograr su felicidad.

Los esposos deben buscar la perfectibilidad, es una misión en la que deben participar constantemente. Juntos se comprometen para hacerles frente a las adversidades, obstáculos, conflictos y limitaciones propias de su naturaleza humana.

No existen el matrimonio ni el cónyuge perfectos, sólo prevalece el que es consciente de su condición humana y su perfeccionamiento personal.

Los problemas que resultan de la vida conyugal son susceptibles de superarse cuando hay una adecuada comunicación, determinación y voluntad para buscar la mejor solución, aquella en que nadie pierde, ambos ganan.

Los celos son el cáncer que carcome el amor con lentitud dolorosa, nos hacen percibir lo que no debemos sentir, ver lo que no es y creer lo que no existe.

Las adversidades, obstáculos, conflictos y limitaciones se deben ver como oportunidades para expresar nuestra capacidad de resolver esas contrariedades que se nos presentan en nuestra vida matrimonial y que generosamente la fortalecen.

DIÁLOGO CONYUGAL

Debemos aprender a escuchar, reconocer y ceder cuando no tenemos razón.

El mejor medio para lograr y preservar la armonía conyugal es tener ánimo conciliatorio.

Nunca debemos enojarnos con la persona, sino con el conflicto que le dio origen.

Dialogando nos entendemos, escuchando conseguimos lograr acuerdos donde todos ganamos: esposa y esposo.

Nos agrada escuchar palabras afectuosas, amables, que nos animan y si además las sentimos y vemos la expresión de sinceridad del rostro de quien nos las dice, nos ponen en un estado de armonía que nos hace sonreír a la vida.

Con amor hay una reconciliación verdadera, porque todo se puede perdonar y olvidar.

El amor conyugal debe prevalecer sobre cualquier cosa. La mejor manera de demostrarlo es hacer todo aquello que sabemos que hace feliz a nuestra pareja. Y si hay reciprocidad está plenamente garantizada esa felicidad.

Cuando las palabras le dan sentido al amor, las estrellas lo visten de sentimientos; se descifra el enigma que lo envuelve, para que sea comprendido por un alma enamorada que percibe la fragancia natural del amor, que la hace apasionarse sin condición alguna.

Los besos de los enamorados, que encienden el fuego de la pasión, duran la eternidad de un instante de amor. El Ser Humano no fue concebido para vivir en la soledad, parte de su proyecto de vida es formar una familia y socializar con sus semejantes.

La vida matrimonial debe tener una estructura de valores con la que deben vivir los esposos, para que prevalezca la paz en el ámbito marital. Los valores van a facilitar, respaldar y fortalecer esa armonía que debe predominar entre ellos, y son el Amor, el Respeto, la Comunicación, la Tolerancia, la Honestidad, la Responsabilidad y la Prudencia.

El amor de los esposos es expresado por una sexualidad sana en toda su dimensión conyugal.

Los sentimientos de los enamorados expresan la frescura lozanía de una tierra mojada por la lluvia. Así es el amor.

CONCIENCIA SOCIAL

El principio de la convivencia humana es reconocer que somos seres sociales, así como aceptar que los demás son personas como nosotros y que nos necesitamos.

Formamos parte de una sociedad con la cual debemos convivir, en un mundo que es de todos, al que se le debe respetar y cuidar de tal manera que prevalezcan los principios éticos, los valores morales, con lo cual se nos van a facilitar nuestras relaciones con nuestros semejantes.

Ser sociales es ser parte de la convivencia humana, un compromiso responsable que debemos aceptar. Cada persona tiene algo que ofrecer y alguna cosa que necesita; eso nos hace ser necesarios, mas no indispensables.

La esencia social es reconocer que todos necesitamos de los demás. Los seres humanos no fuimos creados para vivir aislados, requerimos de convivir con nuestros semejantes y los demás seres vivos.

Una sociedad unida con libertad de expresión, sin fronteras ni ideologías que sometan voluntades, es una civilización que está evolucionando en armonía con las circunstancias.

Cuando nos damos la oportunidad de conocernos, es cuando descubrimos las maravillosas personas que podemos llegar a ser al mostrar sensatez, tolerancia y respeto. No tengamos temor alguno al tratar a nuestros semejantes, basta una buena actitud y disposición para que iniciemos un verdadero vínculo de amistad.

¿Algo nos molestó? Enhorabuena, ya sabemos lo que no debemos hacer; valoraremos esa experiencia, nos evitará posteriores disgustos.

Los seres humanos tenemos que aceptar, queramos o no, que dependemos de nuestro prójimo. La proporción en que aportemos nuestros valores morales será primordial para que nuestra convivencia humana se dé en los mejores términos y condiciones.

Los ciudadanos con una conciencia libre tienen un amplio criterio para dar una opinión personal razonada y sustentada con conocimiento de causa. Nunca deben permitir que contaminen su manera muy personal de percibir la realidad de las cosas, porque saben que son libres.

La manera en que nos desenvolvemos en la sociedad no debe tener mayor limitación que la capacidad de relacionarnos, ya sea de una manera dependiente, independiente o interdependiente.

Más que Compartir un espacio en una sociedad, se trata de en qué podemos cooperar, ¿hay algo en qué podamos ayudar?, ¿qué podemos hacer por el otro?

Ayudarnos mutuamente es ejercer una reciprocidad atrayente. El conocer a ese extraño semejante que habita y convive en nuestra sociedad es darnos la oportunidad de conocernos mejor.

Hoy hice algo por alguien, lo maravilloso fue que lo hice sin esperar nada a cambio.

Cada persona debe aportar lo que está al alcance de sus manos, ofrecer lo mejor de sí misma; así, la sociedad funcionará en las mejores condiciones posibles.

Sentirnos socialmente aceptados nos produce una gran seguridad personal, esto nos ubica ante la conveniencia de cultivar nuestra relación social, a fin de satisfacer una necesidad básica fundamental.

¿Alguien nos causó un malestar? Agradezcamos esa oportunidad de saber con quién realmente no podemos contar. No vale la pena darle demasiada importancia a quien no nos aprecia lo suficiente para evitarnos un disgusto.

Si vemos una oportunidad de servir, aprovechémosla. Es importante ver que nuestro desarrollo social sea un persistente perfeccionamiento personal para que nos cuidemos y comprendamos: "Si te va bien a ti, me irá también bien a mí, nos irá bien a todos" en un mundo de necesidades, satisfacciones y prosperidad.

Un ciudadano que hace respetar sus derechos y cumple con sus obligaciones civiles es un modelo y un motivo de orgullo para la ciudad en que habita.

La sociedad debe proteger a quienes carecen de los medios para vivir y convivir dignamente.

Es difícil poder comprender el misterio de la existencia, el porqué y el para qué existo son razones propias del Creador, es su Plan Divino y obviamente formamos parte de él.

Sólo cada uno puede permitir que las personas le causen un disgusto, que las circunstancias lo hagan sentirse deprimido.

No olvidemos a las maravillosas personas que conocemos, frecuentémoslas más seguido.

Recordemos que son más los momentos agradables que nos hacen sentir de maravilla.

El reconocer que somos seres sociales es el principio de la convivencia humana; es aceptar que los demás son seres como nosotros, que todos necesitamos de todos para satisfacer nuestras diversas necesidades.

CONCIENCIA EMPRENDEDORA

¿Puedo hacerlo mejor? Lo mejor no es imposible. Con perseverancia lo hago posible.

Tener conciencia emprendedora es el punto de partida desde el que un trabajador debe hacer su actividad o una profesión, para llegar a ser todo un profesional.

No es tan primordial lo que una persona sabe cuando comienza un trabajo, lo que realmente debe importar es su actitud positiva, y son sus valores éticos los que les dan a sus conocimientos y habilidades el verdadero valor.

Un trabajador con carácter siempre encuentra el justo medio para desempeñar mejor su actividad laboral. Trabajar en una actividad donde ejercemos nuestros talentos y capacidades, cumplir una jornada laboral que nos deje satisfechos y poder disfrutar de un merecido descanso son una bendición por la cual debemos sentirnos agradecidos.

El trabajo honrado es un resultado del esfuerzo que hace un individuo para enaltecer su persona. El trabajo hay que desempeñarlo bien, tratando de perfeccionarlo por medio de una innovación constante que supere lo que anteriormente se haya realizado.

Si me va bien es porque hago mi mejor esfuerzo, doy lo mejor y algo más en mi relación laboral con la empresa y mis compañeros.

Un camino viable para que nuestro desarrollo laboral sea eficiente es la calidad de nuestra productividad, y si esta se da con profesionalismo, se tienen asegurados buenos resultados.

Pienso, hablo y actúo, no hay otra manera: el Ser Humano productivo es aquel que piensa en soluciones, habla de las diversas maneras en que puede hacerlas y, sobre todo, actúa poniendo en marcha lo que sus principios y valores éticos le dicen que debe hacer.

El éxito en cualquier empresa de la vida es sólo para aquellos que creen en sí mismos: en sus ideales, ven oportunidades; en los problemas, soluciones; saben cómo y para qué deben tomar decisiones, conocen cómo negociar, advierten cuando deben escuchar y hablar, y son capaces de manejar su ego. Además, creen en sus semejantes, en la fortaleza de la unidad, en sumar voluntades y coordinar esfuerzos para obtener buenos logros.

PROFESIONAL

Es aquella persona que desempeña una actividad laboral con talento, responsabilidad y conocimiento. Es consciente de que siempre habrá una mejor manera de hacer las cosas, busca nuevos conocimientos y experimenta con ética su profesión.

Un profesional es un emprendedor tenaz, con vocación de servicio. Tiene ética y sus valores morales lo hacen ser una persona respetable.

DESARROLLO PROFESIONAL

Es hacer del trabajo una forma de vida, donde nuestra voluntad sea recompensada, disfrutando de esos momentos, donde los retos los superamos por medio de nuestra creatividad emprendedora y el esfuerzo productivo.

Debemos tener el control sobre el ejercicio de nuestra profesión, no ser esclavos de ella: "¿Soy empresario emprendedor y/o empleado?, ¿trabajo para vivir o vivo para trabajar?, ¿soy quien tiene el control o soy su esclavo?".

Con un fin en mente, la perseverancia con que se empieza determina a menudo si se puede o no crear una empresa de éxito. Procuremos dar lo mejor de nosotros para recibir lo mejor de la vida.

Ser emprendedores de empresas, donde realmente se dé la sinergia con una mística de servicio, es gracias a la perseverancia personal, la suma de voluntades y la coordinación de esfuerzos. Su resultado es un trabajo fecundo y creador capaz de hacer realidad cualquier empresa que se emprenda.

Lo que bien vale la pena hacer, lo debemos hacer lo mejor posible, y hay que darle el tiempo necesario para que en verdad resulte.

EL SER UN EMPRENDEDOR

Por naturaleza, el ser humano es una criatura emprendedora, decidida a realizar todo aquello que se propone hacer, tiene el potencial para ser un buen líder y un buen administrador de sí mismo, sólo tiene que decidirse.

Ser Emprendedor y perseverante es ser un visionario, es tener la voluntad para seguir siendo constante en la búsqueda de la solución acertada con la que lograremos lo que nos hemos propuesto; es, de alguna manera, una recompensa a nuestro esfuerzo y dedicación.

En la empresa de la vida, no se obtiene lo que se merece, se consigue lo que se negocia.

Un visionario es una persona que concibe un futuro promisorio y actúa en el momento en que decide aprovechar una oportunidad para iniciar una empresa.

Visualizar lo que queremos lograr es empezar con un objetivo en mente. Significa comenzar con una clara comprensión del futuro de saber a dónde nos estamos dirigiendo para comprender mejor dónde se está y dar siempre los pasos adecuados en la dirección correcta.

El hábito de visualizar lo que queremos lograr se basa en el principio de que todas las cosas se crean dos veces: siempre se da primero una creación mental y luego una creación física.

Se trabaja en la mente con ideas hasta llegar a una imagen clara de lo que uno quiere hacer.

DISCERNIMIENTO FINANCIERO

El dinero es una de las recompensas por nuestros esfuerzos laborales, es un medio para lograr satisfacer nuestras diversas necesidades de una manera digna.

Jamás cambiemos nuestra felicidad por dinero, porque nunca podremos cambiar dinero por felicidad.

De ningún modo debemos ganar dinero de manera fraudulenta, tampoco con el dolor humano y el deterioro de la naturaleza, ese dinero se vuelve maligno y sólo obtendremos cosas que dañan nuestro porvenir.

El dinero no debe tomar el control de nuestra vida, lo debemos utilizar para satisfacer nuestras diversas necesidades, nunca para llegar a ser ricos pobres ni pobres ricos.

El trabajo debe honrar al Ser Humano, porque a través de aquel, este expresa su espíritu emprendedor, su creatividad se manifiesta y sus capacidades se optimizan para que haga frente a los retos y pueda disfrutar de sus éxitos.

La base del éxito en una empresa radica en una buena administración, en el desarrollo y calidad del personal, y en obtener el mayor beneficio de su recurso más importante, el Ser Humano.

Tener una actividad productiva con la que podamos expresar nuestras capacidades y obtener un sustento económico es un derecho para vivir decorosamente, es una necesidad para que nuestra salud mental sea buena.

Los conocimientos, experiencias, talentos, capacidades deben ser convenientes a la profesión que desempeñamos.

La enseñanza y el aprendizaje constante para estar al día, y el dominar otros idiomas nos incrementa las posibilidades de tener éxito profesional, mejores oportunidades, mayor bienestar.

Los bienes y servicios que han tenido éxito en el mundo laboral son el resultado de personas que creyeron en sí mismas y en los demás, tuvieron una meta y lucharon para alcanzarla, se enfrentaron a obstáculos y retos, donde cada tropiezo fue un impulso para buscar un nuevo camino, demostrando que la verdadera carrera de la excelencia es la que se disputa contra uno mismo.

Amar a nuestro país con hechos concretos se manifiesta básicamente a través de la productividad. Ser productivos no debe ser atributo público o privado, sino una gran responsabilidad social.

CONCIENCIA ESPIRITUAL

El Creador es la fuente inagotable de amor que provee al espíritu del ser humano y le da plena libertad para expresar su espiritualidad.

El Espíritu del ser humano es una forma de energía que procede del amor de nuestro Creador, al que consideramos Padre y lo reconocemos como una Divinidad, por eso le llamamos Dios Padre, por lo cual estamos conectados con Él a través de esa energía que proviene de su Santo Espíritu, y que desea restituir nuestra cordura con su luz, ese radiante esplendor que emana de Él, para hacernos sentir dentro de nuestro Ser Interior su Amor, Paz, Comprensión y Misericordia.

El espíritu es un atributo divino, una existencia verdaderamente divina. Es la parte de nuestro ser que nos debe guiar por la vida de una manera libre, pensando, actuando y hablando de acuerdo con nuestros principios y valores, para perfeccionar plenamente nuestra capacidad de ser íntegros, auténticos, conscientes, pacíficos, compasivos y responsables en todas nuestras acciones.

La voz silenciosa del Santo Espíritu de Dios Padre nos entera de las revelaciones espirituales que son indispensables para cumplir satisfactoriamente nuestra Misión Personal.

Expresar nuestra espiritualidad es darle sentido a la vida, es estar conscientes de nuestra existencia.

Es nuestra conciencia espiritual la que nos hace estar en comunión con el Creador, que nos revela a través de su Santo Espíritu todo aquello que es necesario para nuestro desarrollo corporal, mental y espiritual.

Es necesario permitir que los sentidos del espíritu tomen el control de nuestra vida.

Reconocer la presencia de un Supremo Creador, al que se le conoce como Dios Padre, creador de todo lo que existe, es sentir su presencia y espiritualidad en cada cosa creada, pues nos ama eternamente, sin excepción ni restricciones.

Él es un misterio que comprendemos conforme se despierta nuestra conciencia espiritual, que se proclama sin impedimentos ni límite alguno.

El ser conscientes de nuestra Naturaleza Humana y de nuestra Esencia Espiritual nos hace estar ante la presencia de Nuestro Padre, percibiendo esa energía vital que emana generosamente de su Santo Espíritu, para permanecer en un estado de éxtasis indescriptible y de completa armonía, donde fluye la paz espiritual para poder escuchar esa voz que proviene del silencio inmaculado.

El Espíritu del Creador nos revela la verdad. La verdad nos ilumina el camino. El camino nos conduce al amor.

El amar nos hace vivir. La razón de amar la encontramos viviendo. El sentido de convivir... lo encontraremos amando.

La percepción del espíritu es poder escuchar esa voz silenciosa que procede del amor y nos hace sentir su presencia por gracia del Santo Espíritu de nuestro Creador, para poder comprender nuestra realidad espiritual.

Esa contemplación espiritual requiere de una mente abierta y vacía, lo que nos facilita abrir la puerta de la morada del Padre para escuchar e interpretar su voz, que despierta nuestra intuición mística y allana nuestra travesía por la vida.

En el sosiego del discernimiento, se llega el momento en que percibimos la presencia del Padre, su voz llena de esperanza; percibimos sutilmente la presencia de su Santo Espíritu en toda su magnitud; se abre una conexión íntima, cimentada en la credibilidad y la confianza, que a su vez ratifica ese parentesco espiritual que forma parte de una comunión de amor.

El espíritu de Dios Padre abre nuestras mentes para permitir que nuestra intuición mística sensibilice nuestros corazones y coincidamos en nuestra comunicación espiritual; así nos deja sentir su presencia divina en cada momento, para que nuestra comunión espiritual se consolide con plena confianza, liberándonos de las adicciones y de los apegos materiales que nos limitan y encadenan nuestra mente para debilitar nuestro espíritu.

En la vida del Ser Humano, se dan momentos para reflexionar, donde se valoran los acontecimientos como resultado de las situaciones y circunstancias que en su momento acontecen. De ahí la importancia de poder percibir nuestra realidad personal con los sentidos del espíritu.

Percibir el mundo con los sentidos del espíritu es otorgar plena libertad a nuestra mente para que, a través de la conciencia, podamos interpretar la realidad que proviene de la verdad absoluta.

Más allá del entendimiento humano está la comprensión del espíritu que nos permite creer que somos muy especiales para el Creador.

El Ser Humano es un ser perfectible cuando su espíritu busca en la libertad el poder necesario para expresar su amor ante el mundo.

Desarrollar la espiritualidad del Ser Humano es fortalecerla. Significa perfeccionar todas aquellas capacidades que facilitan el camino para alcanzar la verdadera evolución espiritual.

El Espíritu de la persona se manifiesta solamente cuando su naturaleza humana está libre de resentimientos que le impiden perdonarse.

Cuando el Ser Humano sea capaz de perdonar y olvidar sus faltas y las de sus semejantes, conseguirá ver la grandeza de su Ser y aceptar su Origen Divino.

Cada Ser Humano tiene una misión y una encomienda, un propósito existencial, lo cual es un misterio que nuestra mente no puede comprender; sólo nuestra conciencia espiritual es capaz de dar testimonio, una respuesta personal que no puede ser revelada.

RECONCILIACIÓN ESPIRITUAL

Nos alejamos de Él, porque creemos que Él nos ha abandonado:
no advertimos ni interpretamos sus señales, olvidamos
que Él siempre nos acompaña en el camino.

En un determinado momento de nuestra vida, despertamos y nos damos cuenta de que, a pesar de haber esperado, sin saber que aguardamos, solamente Él supo darnos su amor, paz y esperanza.

Ahora nuestra esperanza es tan grande que ya no desconfiamos, porque sabemos que todo llega a su debido momento, cuando Él lo dispone. Porque su tiempo no es nuestro tiempo.

Debemos entender que nunca se es demasiado tarde para abrir los ojos y escuchar la tierna voz del Padre, que nos hace reflexionar y poner atención en nuestra voz interior, que nos dice que no importa lo que hayamos vivido, porque no se depende de la edad, como tampoco de los errores cometidos, ni de las oportunidades que hemos dejado pasar, siempre estamos a tiempo para decir "basta" y escuchar el llamado que nuestra conciencia nos hace para rectificar el rumbo, con la certidumbre de que Él nos acompañará y nos mostrará qué camino tomar.

Vivir la espiritualidad es llegar a donde todo comienza; amar es ir a donde nada termina; convivir hoy como si fuera ayer, y reflexionar como si fuera mañana. Sentir lo que decimos con afecto, decir lo que pensamos con esperanza, pensar lo que hacemos con fe, hacer lo que debemos con amor.

Un desarrollo óptimo de nuestra naturaleza humana nos permite crear conciencia para cumplir nuestras expectativas, alcanzar las metas, perfeccionar nuestra naturaleza humana y manifestar nuestra esencia espiritual para descubrir ese Ser Espiritual que es parte de nuestra identidad.

Será entonces cuando comprendamos lo que hemos vivido y nos llegarán aquellas cosas que nuestros corazones desean y que sólo Él nos sabe dar. Vamos a poder verlas y las disfrutaremos sin dejarlas pasar esta vez.

Ser conscientes del Amor de Dios Padre es vivir en paz, con seguridad y armonía. El perdonar y olvidar las faltas y ofensas que creemos que nos han hecho nuestros semejantes permite que el Amor de Dios Padre retorne a nuestra Conciencia, de esta manera veremos un mundo en Paz.

La Vida es muy generosa; sin embargo, algunas veces la miopía de nuestras Conciencias nos impide ver las oportunidades, las herramientas y los medios para descubrir el cómo lograr lo que deseamos ser y hacer en nuestra vida.

¿Quién o qué será lo que realmente nos impide, nos pone obstáculos, en sí nos sabotea para tener éxito en lo que deseamos de la vida?: somos nosotros mismos, al no darle la importancia necesaria a lo que deseamos obtener.

Son nuestros pretextos y excusas, serán esos demonios que nos impiden ser, hacer y tener lo que anhelamos en la vida.

Nuestro destino es todo un misterio que nuestras Conciencias tratan de interpretar para que nuestra vida sea satisfactoria y la convivencia con nuestros semejantes y con los demás seres vivos se dé en un entorno donde prevalezca el amor, la libertad, la alegría de vivir, la cooperación, la confianza, el respeto y la paz.

Los verdaderos cambios se presentan cuando surgen de una organización de conciencias con convicciones sólidas que buscan influir en las personas, para que se involucren, asumiendo compromisos responsables en todo aquello que pueda ser de beneficio a la sociedad.

El perdón es la medicina que alivia nuestra alma.
Le da salud a nuestra espiritualidad.

INTELIGENCIAS

Es un privilegio del ser humano el aplicar sus inteligencias
en su vida de una manera plena, responsable y libre.

Una Persona tiene una vida que vivir y es parte fundamental en la Convivencia Humana. Tiene sus Inteligencias, que debe desarrollar eficientemente y aplicarlas en sus proyectos, sus relaciones humanas y con lo demás seres vivos.

El Ser Humano es una personalización de la vida.

Tal vez hemos escuchado de diversas expresiones de inteligencia y probablemente tengamos algún tipo de confusión. Poseemos un solo intelecto que expresa diversas maneras de aplicar nuestras inteligencias.

INTELIGENCIAS

1. Objetiva

2. Organizacional

3. Conductual

4. Energética

5. Emocional

6. Meditativa

7. Espiritual

INTELIGENCIA OBJETIVA

Al ser más objetivos en lo que somos y hacemos, seremos
más exitosos, pues hacemos lo correcto.

Puede considerarse como un sistema de pensamiento que despierta nuestras Conciencias, nos abre los ojos hacia el mundo real (nuestra realidad), viendo la vida tal y como es y no como nos fue impuesta o nos enseñaron que era.

Quedamos muy satisfechos cuando observamos el mundo con ojos que miran con nuevas, maravillosas y fascinantes perspectivas.

INTELIGENCIA ORGANIZACIONAL

Aplicamos nuestro Intelecto de una manera organizada en un proceso
administrativo, para tener éxito en lo que emprendemos.

Trabajar en equipo profesionaliza la empresa y multiplica las utilidades. "Yo trabajo en lo que tú no puedes, y tú trabajas en lo que yo no puedo". Emplear personas inteligentes, para que nos enseñen cómo lo tenemos que hacer, es ser muy inteligentes.

Las capacidades y talentos de los empleados deben ser mejores que los de sus jefes, eso demuestra haber contratado bien. La vida es nuestra empresa, apliquemos en ella nuestros talentos, conocimientos y experiencias mediante un proceso administrativo con nuestras inteligencias.

INTELIGENCIA CONDUCTUAL

Es saber cómo comportarse ante las situaciones de la vida. Seamos inteligentes en nuestros comportamientos cotidianos, tendríamos menos conflictos y problemas con nuestros semejantes.

Tratemos con inteligencia las situaciones y a la gente tóxica.

En nuestras conductas, sean buenas o malas, la diferencia la hará nuestra inteligencia.

INTELIGENCIA ENERGÉTICA

Seamos inteligentes: vibremos positivos. Atraemos lo mejor cuando apreciamos y agradecemos lo que tenemos en este momento: buenas vibras.

En este mundo tan maravilloso como enigmático, vibramos en una frecuencia energética tanto positiva como negativa. Generamos buenas o malas vibras, así como las sentimos.

INTELIGENCIA EMOCIONAL

Seamos inteligentes, manejemos y controlemos adecuadamente nuestras emociones, sean positivas o negativas, así tendremos más paz, serenidad, tranquilidad y menos miedo.

Cuando nuestra mente se libera de la contaminación emocional, la lógica, la intuición y el sentido común emergen de nuestro interior para manejar con inteligencia nuestras emociones.

INTELIGENCIA MEDITATIVA

Si aplicáramos nuestra inteligencia meditando el asunto, decidiendo, reflexionando el resultado sería muy bueno, porque la verdadera vida comienza cuando manejamos nuestros miedos.

El saber cómo reflexionar sobre las situaciones que vivimos y convivimos durante nuestra existencia, de una manera inteligente, aplicando sus conclusiones en nuestra vida, es ejercitar correctamente nuestra inteligencia.

INTELIGENCIA ESPIRITUAL

Cuando las inteligencias objetiva, organizacional, conductual, energética, emocional, meditativa se fusionan con la inteligencia espiritual, la naturaleza humana se transforma para trascender.

Aplicar nuestra inteligencia espiritual nos permite crear, trascender más allá de los tiempos y los espacios, para ser felices de una manera verdadera, profunda y duradera. Así mismo, nos da la oportunidad de tener el privilegio de mirar la luz, de ser capaces de escuchar el llamado del Ser, esa voz silenciosa de la verdad que nos dice que es tiempo de despertar nuestras conciencias para seguir andando nuestro camino de la vida.

El sufrimiento, en cualquier situación de vida, puede ser superado, sin volvernos por ello personas sin sentimientos ni emociones; por el contrario, nos convertimos en una persona fuerte, con estabilidad mental, armonía emocional y fortaleza Espiritual.

Las INTELIGENCIAS:

Son más que una facultad de la mente que nos permite razonar, entender, aprender, tomar decisiones y formarnos una idea determinada de la realidad.

Son un sistema de pensamiento que nos abre los ojos hacia el mundo real, viendo la vida tal y como es y no como nos la impusieron o enseñaron.

Al aplicar nuestro Intelecto, podemos mejorar nuestras relaciones personales, superar nuestros miedos, tener estabilidad económica y desarrollarnos para alcanzar una vida plena de mayor nivel y calidad.

Los conocimientos, la experiencia, la intuición, el instinto, el sentido común, las decisiones, el emprendimiento nutren y le dan razón de ser a la Inteligencia.

La Serenidad, la Tranquilidad, la Paciencia, la Prudencia, la Tolerancia, la Comprensión, la Generosidad y la Humildad fortalecen la Inteligencia, para darle sentido de ser.

La Inteligencia se desarrolla para aplicarla de tal manera que se logre tener éxito en lo que se visualiza. La visualización emprendedora es poder ver satisfecha una necesidad humana y observar los beneficios que resultan de ello.

La Inteligencia es el medio más valioso de una persona para lograr tener éxito en lo que emprende.

La miopía emprendedora nos hace perder oportunidades de emprender.

El despertar de las Conciencias y la aplicación de las Inteligencias nos facilitan tener éxito en lo que emprendamos.

Para tener éxito, lo primero que se debe hacer es soñar, es ser un idealista rebelde, para después ser un realista visionario, sin miedo al éxito, trabajando en un equipo donde cada uno sabe lo que tiene que hacer con sus capacidades y talentos.

Los emprendedores con principios éticos y valores morales son ejemplo para todos los que quieren emprender un negocio y tener éxito.

El sueño de los emprendedores inteligentes es invertir en la gente con disposición, al darles los apoyos necesarios para que tengan también éxito en lo que emprendan y ayuden a los demás para hacer realidad sus sueños.

Quienes son emprendedores inteligentes, que tienen conocimientos y experiencias en empresas, invierten en la gente para que sean emprendedores de éxito. Les dan su apoyo incondicional para emprender una empresa que sea congruente con sus talentos.

Un Emprendedor Inteligente visualiza y proyecta el futuro en su mente, su Espíritu Emprendedor lo aplica en lo que pretende ser, hacer, en sus relaciones humanas, las veces necesarias hasta lograr ser quien debe ser y hacer lo que debe hacer.

La inteligencia de un emprendedor se valora y se mide por su capacidad de diseñar y aplicar estrategias que logren un objetivo determinado. Siempre seamos agradecidos por vivir plenamente, por convivir solidariamente.

Una de las características de un emprendedor con Inteligencia es aprovechar una gran oportunidad oculta en un proyecto.

Emprender es empezar a hacer de una idea, un proyecto, para darle vida a una empresa determinada, mediante el trabajo fecundo y creador, para trascender en el ámbito empresarial.

Tenemos conciencias que despertar e inteligencias que ejercer para poder vivir y convivir dignamente: con amor, en paz, en libertad, con tolerancia, con humildad, con generosidad.

ACTITUDES

Si algo no nos gusta y no podemos cambiarlo, cambiemos nuestra actitud.

La Actitud es la disposición de un estado de ánimo que elegimos tener en determinados momentos, situaciones y circunstancias, para manifestarlo interna y externamente. Es adoptar un comportamiento específico ante cierto escenario.

Tenemos la voluntad de cambiar nuestras actitudes negativas…

Siete Actitudes Positivas:

1. Decidamos que hoy será un maravilloso día. Seamos conscientes del poder de nuestras decisiones.

2. Detrás de cada problema, hay una oportunidad que aprovechar. Enfocarnos en las soluciones y no en los problemas es una buena decisión.

3. Cuando no se dan las cosas, no es el momento. Confiemos en la sabiduría de la vida.

4. Por algo suceden las cosas. Confiemos en que sea algo bueno y mejor.

5. Una buena actitud hace la diferencia en cualquier ocasión. Las cosas no siempre serán como quisiéramos, pero con nuestra actitud nosotros la decidimos.

6. No somos quienes tienen el control de la vida, sólo vivámosla. En la vida hay circunstancias que tenemos que aceptar para seguir avanzando.

7. Los malos momentos que vivimos… pasarán dejándonos una lección.

Siete Actitudes Negativas:

1. Ver sólo lo malo de una situación. No todo es malo, hay más cosas buenas de lo que imaginamos, sólo observemos.

2. Tener mentalidad fatalista es ser esclavos de nuestros miedos.

3. Tener celos. Los celos afectan negativamente la seguridad y rompen el equilibrio de las emociones.

4. Hacer de la mentira un estilo de vida. Quienes mienten seguido llegan a creer sus propias mentiras.

5. Hacerse la víctima. Buscar culpables es evadir la realidad de la vida. Todo lo malo que le pasa en la vida a una persona es un castigo.

6. Estar amargado. El tener sentimientos de frustración y resentimientos enferma.

7. "No me quieren". La baja autoestima de una persona la llena de inseguridades.

Nuestra actitud influye en nuestros estados de ánimo, por eso, es saludable tener una buena actitud.

HÁBITOS

Si trabajamos para el hábito, el hábito
trabajará para nosotros.

Hola:

Soy tu amigo inseparable, tu Dueño y Señor, tu Mano Derecha, si quieres te puedo llevar al éxito, pero también al fracaso.

Bien podría encargarme de la mitad de tus tareas. Estoy perfectamente capacitado para cumplirlas a la mayor brevedad posible, y puedo volver a hacerlas una y otra vez, si eso es lo que me pides. Soy muy obediente, y si me exiges me someto a tus órdenes.

Enséñame cómo quieres que haga las cosas, en unas cuantas lecciones aprendo a hacerlo de forma automática.

Soy el sirviente de todos los grandes personajes; y por supuesto también sirvo a los fracasados. He influido en todas las personas que han alcanzado la grandeza, igualmente en todos los que fracasan. Funciono con la precisión de la mejor de las computadoras que la inteligencia humana hace funcionar. Utilízame para que seas un triunfador, o un perdedor, a mí me da lo mismo, sé firme conmigo y pondré el mundo a tus pies.

—¿Quién eres?

—¡Soy el hábito!

Los hábitos son factores poderosos en nuestra vida, son pautas consistentes, a menudo inconscientes; de manera constante y cotidiana, expresan nuestro carácter y generan nuestra efectividad… o ineficacia. Por lo general, tienden a controlarnos.

Esencialmente, nuestro carácter está compuesto por nuestros hábitos.

Siete Hábitos… para nuestro camino de vida:

ORAR

Mediante la oración, se da un vínculo sagrado espiritual de comunicación con la Divinidad. Oramos para pedir por quienes consideramos parte importante en nuestra vida, a los necesitados, a quienes nos pueden ayudar, principalmente a Dios nuestro Padre.

Orar es reconocer que somos hijos del Supremo Creador, nuestro Padre celestial.

BENDECIR

Cada momento es una oportunidad para bendecir. La bendición de una madre es sublime porque nos bendice con el corazón.

Damos bendiciones para merecer bendiciones.

AGRADECER

Demos gracias por vivir, por todo lo que la vida nos da.

Ser agradecidos por lo que nos sucede en cada momento, aunque nos cauce incertidumbre y no lo entendamos de momento.

Al agradecer nos damos cuenta de lo afortunados que somos por lo que tenemos.

HONESTIDAD

Ser honestos es ser personas íntegras. La honestidad es un compromiso con la vida y una gran responsabilidad humana. La honestidad es esencial para bien vivir y mejor convivir.

RESPONSABILIDAD

Seamos responsables y respetuosos con nuestro tiempo, con el de los demás; alguien nos lo agradecerá. Ser responsables de nuestras palabras y acciones es invertir en nuestra energía y tiempo. No es posible evadir la responsabilidad del mañana si hoy no somos responsables.

AMABILIDAD

Ser amable con nuestras palabras crea e inspira confianza. Tener pensamientos amables proyecta e inspira profundidad. La amabilidad en dar expresa amor. Nuestra amabilidad y educación

nos abre puertas y nos deja hablar para ser escuchados con atención y respeto. La amabilidad es el estilo de vida de los emprendedores inteligentes.

DISCIPLINA

Tener disciplina nos facilita tener éxito en lo que emprendamos. Ser disciplinados requiere más que un esfuerzo, se necesita
tener corazón. La disciplina es el medio de la realización de los
sueños, deseos y anhelos.

*Los hábitos positivos son importantes, conforman
una personalidad dinámica, fortalecen
nuestro carácter y facilitan nuestro
caminar por la vida.*

PRINCIPIOS ÉTICOS

*Seamos gente de principios y seremos
personas de sólidas convicciones.*

Los principios éticos son criterios o normas morales que orientan
la conducta de las personas en lo relacionado con el bien o el mal.

¿Qué pasaría si viviéramos en un país sin ética?

1. El Respeto construye y consolida nuestras relaciones humanas, para nosotros mismos y para con los demás. "No
pienses como yo, pero respeta que piense diferente". Res-
petémonos mutuamente y conviviremos en paz.

2. La Justicia ya no debe ser un ideal, sino una realidad. Ser
justos en nuestras relaciones sociales nos hace ser más
humanos. Nadie puede ser excluido de la justicia, porque
sería una injusticia. Justicia sin misericordia es crueldad.
Quienes piden justicia quieren que les den la razón.

3. La Responsabilidad de asumir un compromiso y cum-
plirlo es dar valor a la palabra. Los compromisos se asumen responsablemente. La puntualidad es una responsabilidad que dice cuánto nos importa un asunto. Seamos
responsables, sin pretextos ni excusas.

4. Ser Honesto es ser una persona íntegra en sus convicciones, digno de confianza. La honestidad es muy valiosa, no la esperemos de personas sin valores. Ser honestos nos traerá a nuestra vida a las personas correctas.

5. La Libertad, un derecho sagrado. Nadie tiene derecho de quitárnosla, ni uno mismo. Tener libertad nos permite dejar de sentir miedo para enfrentar nuestro destino. Ser libre no implica romper las cadenas, sino vivir y convivir de manera que se respete la libertad de los demás.

6. Generosidad es dar o compartir sin esperar nada a cambio, ni condición alguna. Apoyando a los demás, nos ayudamos. El hacer sonreír a nuestros semejantes provocará que sonriamos nosotros. Cuando somos generosos, sumamos y multiplicamos. La ley de la prosperidad es la generosidad: si queremos más, demos más.

7. El Agradecimiento es una manera de expresar dando las gracias por todo lo recibido. Un corazón agradecido ama lo que recibe. Un corazón sabio ama lo que da o comparte. Agradezco de corazón a Dios Padre por sus bendiciones, a la generosidad de la vida por sus oportunidades.

Los principios éticos hacen la diferencia entre lo que tenemos derecho de ser y hacer y lo que es correcto.

VALORES MORALES

La riqueza de una persona no es el dinero, son esos Valores Morales que dan el verdadero valor a las personas.

Formamos parte de una sociedad con la cual debemos convivir, en un mundo que es de todos, al que se le debe respetar y cuidar de tal manera que prevalezcan los valores morales.

Los valores nos van a facilitar nuestras buenas relaciones para con nuestros semejantes y los demás seres vivos.

Valor del Respeto

El respeto se gana respetando. Tener el respeto de nuestros semejantes es más valioso que su admiración hacia nosotros.

Respetar el derecho de ser diferentes es quizás lo más sublime del ser humano.

Valor de la Solidaridad

La solidaridad es el ayudarnos mutuamente, de ninguna manera es caridad. Ser solidarios es sumar voluntades, coordinar esfuerzos, multiplicar opciones para enfrentar tiempos difíciles. La solidaridad nos hace ser más humanos, comprensivos y generosos.

Valor de la Comunicación

Una comunicación asertiva es eficaz, nos previene de malentendidos. Cuando sabemos cómo comunicarnos nos entendemos y llegamos a buenos términos. Una comunicación define la calidad de las personas.

Valor del Perdón

Perdonar no es justificar el comportamiento del ofensor, es liberarnos del resentimiento para recuperar nuestra paz interior. El verdadero perdón es comprender y olvidar la ofensa recibida. Saber perdonar es entender que también nosotros necesitamos que nos perdonen.

Valor de la Amistad

La amistad es un milagro del amor. La amistad es una reciprocidad responsable. Una verdadera amistad es aceptar a los amigos tal como son.

Valor del Amor

El amor es la Naturaleza del Creador, la esencia de su Espíritu. Dios es amor, el amor es Dios. Un genuino amor es expresarlo sin condiciones. El amor es sublime cuando lo damos con respeto y de todo corazón.

Valor de la Lealtad

Los senderos de la lealtad son rectos, sin piedras, curvas ni baches. La lealtad no se gana en un día, nos la ganamos día con día. Una persona leal se merece lo mejor de la vida.

Una de las finalidades y propósitos de la educación es el conocimiento y aplicación de los valores morales, los cuales tenemos que vivir para comprenderlos.

La sabiduría de la vida nos da lecciones, cada persona es libre de decidir el aprender y aplicar las enseñanzas de la vida.
-Írbíloc7-

CAPÍTULO 4

PERSONALIDAD

*La vida provee a cada Ser Humano de los requerimientos necesarios
para ser una persona única, que pueda desarrollar y expresar su
personalidad con plena libertad de elección.*

En mi Camino de Vida me detengo un momento para reflexionar sobre mi existencia terrenal en esta vida que estoy viviendo y conviviendo: en este mi presente, soy más que un rostro, tengo una personalidad de acuerdo con el plan de vida del Supremo Creador, Dios Padre.

¿Qué entendemos por personalidad?

Entendemos que somos una personalización de la vida, personas que tenemos un camino, una vida y decisiones que tomar.

Nuestra personalidad es una parte humana vulnerable ante diversas situaciones, es perfectible al reflexionar sobre los errores, equivocaciones y ofensas cometidos.

La vida provee a cada Ser Humano de los requerimientos necesarios para ser una persona única que pueda desarrollar y expresar su personalidad con plena libertad de elección.

Una personalidad se configura con principios éticos y valores morales, estos le dan su razón de Ser y su motivación de Hacer. Una personalidad ecuánime debe enfrentar y superar sus miedos, sus crisis existenciales, prejuicios, así como perdonar y olvidar pérdidas, agravios y rencores. La vida provee a cada Ser Humano de los requerimientos necesarios para ser una persona única que pueda desarrollar y expresar su personalidad con plena libertad de elección.

La personalidad del Ser Humano trasciende cuando es capaz de perfeccionar, con lo que sabe, esas cosas que le dan un significado de más plenitud a su vida, contribuyendo a que sus semejantes, los demás seres vivos y su entorno tengan una mejor calidad de vida.

La congruencia entre las palabras, el comportamiento y la actitud definen la personalidad.

Cuando somos conscientes de nuestra personalidad, de lo que somos capaces de hacer con nuestra vida, durante nuestro caminar, estaremos en condiciones de perfeccionarla, siempre y cuando así lo decidamos.

Una parte de nuestra personalidad es intelectual, donde fluyen los sueños que suelen ser proyectos concebidos con buenas ideas, en espera del tiempo y del espacio para iniciarlos y ponerlos a trabajar.

Las sinapsis forman nuestra personalidad y, por defecto, nuestra inteligencia, talentos, capacidades…, así como determinan cuáles son nuestros pensamientos, que influyen en nuestras habilidades de conversación.

Los grandes cambios en la humanidad, como en nuestra vida y personalidad, siempre vienen acompañados de fuertes sacudidas que debemos asumir, tolerar y manejar; no son el fin, son un alto para reflexionar y reiniciar nuestro camino de vida con mayor madurez, fortaleza y nuevos bríos.

Nuestro estilo de vida es un reflejo de nuestra actitud y personalidad.

Una personalidad egoísta es la que cree que vive para sí misma, no para servir a sus semejantes.

Las reflexiones evolucionan mentes, perfeccionan la personalidad
y hacen que el Ser Humano se acerque más a su realidad.

DEPENDENCIA-INTERDEPENDENCIA-INDEPENDENCIA

En los primeros años de nuestra vida somos dependientes; conforme vamos creciendo, vamos siendo interdependientes; al madurar, somos independientes.

La única dependencia que debemos tener es la de depender de nuestros talentos. Que sea nuestra interdependencia nuestro empoderamiento para que seamos lo más independientes posible. Cuando manejamos nuestra dependencia, somos más libres y dueños de nuestra vida.

El madurar nos hace ser menos dependientes.

La cultura de la dependencia conduce a una vida de sometimiento.

Romper esos apegos nos conduce a la libertad; sin embargo, esta ruptura no significa abandonar una relación significativa.

Una relación que nutre nuestra alma significa acabar con la dependencia de cualquier persona o cosa.

El amor nunca debe ser una dependencia.

Consideraciones sobre dependencias del ser humano:

Cuando superamos la dependencia emocional, nos liberamos de nuestros apegos emocionales.

El amor no es tan peligroso como parece ser; la dependencia a las adicciones, sí.

No seamos tan dependientes como para matar la iniciativa.

Seamos conscientes de nuestras dependencias, para poderlas manejar.

Depender del poder de Dios Padre, en cada paso de nuestro camino de vida, es una bendición.

En cualquier espacio que se crea dependencia, corremos el riesgo de perder energía.

La vida es un proceso natural durante el cual una persona se vuelve cada vez menos dependiente y más interdependiente e independiente.

Dependamos de nosotros mismos para darle significado a nuestra vida; es muy desgastante tener que depender de los demás.

INTERDEPENDENCIA

La vida tiene sentido cuando se da la interdependencia, todos nos necesitamos.

La interdependencia se refiere a una dependencia mutua y equitativa, conlleva responsabilidad recíproca; es decir, por un lado y por otro se comparten determinadas normas y criterios comunes con otras personas.

¿Cuándo será posible que haya interdependencia entre las personas?

Interdependencia es la dinámica de ser mutuamente responsables y de compartir un conjunto común de principios con otros.

La interdependencia es la acción de ser dependiente, responsable y de compartir un punto de vista de principios con otros. Mahatma Gandhi afirmó que era y debía ser el ideal de la persona, entendiéndola como autosuficiencia.

Este concepto difiere sustancialmente del de dependencia, pues la relación interdependiente implica que todos los participantes sean emocional, económica y/o moralmente independientes.

Algunos abogan por la libertad o la independencia como una suerte de un bien deseable superior; otros creen lo mismo con respecto a la familia, la comunidad o la sociedad entera.

La interdependencia reconoce la verdad en cada una de las posiciones y permite el desarrollo equitativo de estas.

Consideraciones sobre interdependencias del ser humano:

La vida no tiene sentido sin interdependencia, cada persona tiene algo que ofrecer que los demás necesitamos. No lo podemos negar: todos nos necesitamos, y cuando más seamos conscientes de ello, mejor para nosotros.

La interdependencia son hechos tangibles, no simples opiniones.

En las relaciones humanas no tóxicas, cada persona es interdependiente. Son como el Sol y la Luna. El Sol no necesita que salga la Luna, y la Luna no requiere que el Sol salga. Pero sí se necesitan el uno y la otra para hacer funcionar el Universo.

Responsabilidad, Honestidad, Respeto, Conocimientos, Experiencia, Generosidad, Agradecimiento son mutuamente interdependientes.

La interdependencia se diferencia de la dependencia y la independencia por ser el modelo siguiente: nosotros podemos hacerlo posible al sumar nuestros talentos, capacidades, aptitudes para lograr algo extraordinario.

Las acciones de un ser humano son interdependientes. Sería inútil ser egoístas, ya que cada persona convive con interdependencia con sus semejantes y con todas las cosas.

Nuestro caminar por la vida, a través de los años, nos ayuda a pasar de la dependencia a la interdependencia y la independencia.

Empoderamiento

Proceso mediante el cual las personas fortalecen sus capacidades, confianza, visión y protagonismo en tanto forman parte de un grupo social, para impulsar cambios positivos en las situaciones en las que viven.

El empoderamiento personal se logra cuando se pasa de la dependencia a la interdependencia cruzando por la independencia. Este último estado lo alcanza la persona cuando tiene un control completo de sus acciones, autocontrol, estima alta, seguridad completa en su persona y manejo de sus emociones.

La persona cuenta, en definitiva, con el poder de su lado para dirigir su vida, tener un sentimiento íntimo de seguridad en sí misma, adoptar una estrategia vital en la que es la principal protagonista de sus propios éxitos o fracasos en su vida.

Empoderamiento es:

- Creer, confiar en mí y valorarme.

- Saber lo que quiero ser y hacer en mi vida.

- Tener una actitud positiva hacia la vida y sus circunstancias.

- Comunicarse con asertividad, creyendo y confiando en uno mismo, teniendo el talento para defender sus opiniones, derechos, ideas, de manera adecuada y respetando las de los demás.

- Capacidad de escuchar otros puntos de vista para poder llegar a un mejor entendimiento de una situación.

- Saber aprovechar las oportunidades que la generosidad de la vida nos da.

- Tener empatía con nuestros semejantes nos facilita nuestras relaciones humanas.

Los conceptos del bien y del mal son pares de opuestos interdependientes, nuestra mente no acepta del todo la interdependencia de los opuestos, así se da el dualismo y el conflicto entre los opuestos.

INDEPENDENCIA

Vivir y convivir con independencia es ser plenamente libres, tener la responsabilidad sobre nuestra conciencia al asumir las consecuencias de nuestras decisiones.

Si nos consideramos independientes, luego qué.

Consideraciones sobre la independencia del ser humano:

Para ser Independientes, es necesario despojarse de los apegos tóxicos, así como vivir y convivir respetando la independencia de los demás.

La verdadera independencia y libertad se dan cuando se hace lo correcto en la vida.

Si queremos ser plenamente independientes, reevaluemos nuestros valores y la manera en como percibimos al mundo y a nosotros mismos.

La independencia del pensamiento es el más humilde orgullo.

Independencia es actuar con conciencia de libertad. Tener Independencia es tener autonomía para vivir de una manera plena y libre.

Nuestra herencia en este mundo es en sí la oportunidad de lograr la independencia del pensamiento.

Sin libertad, la independencia es un espejismo que sólo se ve en la ilusión de la realidad.

Educar es aprender que la independencia nos enseña a ser libres para escoger la profesión que nos haga sentirnos, más que satisfechos, libres para ejercer.

CREENCIAS

La credibilidad se logra con dificultad y se pierde tan fácilmente que no lo creemos.

Las creencias son verdades subjetivas, una convicción personal, donde una persona no se relaciona con la realidad, sino con la representación mental que se hace de ella.

Creamos en la vida, en nosotros, en los demás...

Seamos fieles devotos a nuestras creencias, a nosotros mismos, para llegar a las verdades esperadas.

Al imponer creencias, ideologías, dogmas religiosos y políticos a nuestros semejantes, les privamos de la libertad de ser y hacer todo aquello que consideran bueno para su vida y convivencia: los hacemos prisioneros de sus dudas existenciales.

Para aquellos que no creen ni confían en nosotros, no les permitamos que vulneren jamás nuestro Espíritu Emprendedor. A todos ellos, nosotros los bendecimos, porque nosotros los comprendemos... Son sus creencias, son su confianza, son sus decisiones y debemos ser comprensivos, tolerantes y muy respetuosos.

Percibimos el mundo según nuestros conocimientos y experiencias, lo interpretamos de acuerdo con nuestras creencias; lo único claro que tenemos es que no somos dueños de la verdad y que tenemos que ser sumamente prudentes, tolerantes y respetuosos de quienes tienen una óptica e interpretación del mundo diferente a la nuestra.

Consideraciones sobre las Creencias del ser humano:

No aceptemos de ninguna manera creencias limitantes y tóxicas, se convertirán en verdades que nos confundirán en nuestra vida.

Podemos ir y llegar tan lejos en la vida como lo permita nuestra mente emprendedora. Todo lo que creemos sí lo podemos lograr. Estemos conscientes de ello.

No debe importarnos que nuestras creencias sean un reflejo de nuestra percepción, porque esto nos ayuda a crear esa realidad.

Los seres humanos recluidos en "jaulas mentales" creen que el éxito es una prisión.

Nuestras creencias, de alguna manera, controlan nuestro cuerpo, mente, espíritu y nuestra vida.

Sólo cuando nuestra mente está libre de prejuicios, ideas, creencias preconcebidas, puede pensar y actuar correctamente.

Nuestras creencias, sentimientos, pensamientos no nos hacen mejores personas, nuestro comportamiento sí lo hace posible

Nuestra Perseverancia nos hace creer y confiar en que todo lo que deseamos ser y hacer lo podemos conseguir al intentar e intentar y seguir intentando hasta conseguirlo; sobre todo, con la sublime bendición de Nuestro Dios Padre.

Tengamos un acuerdo: creamos y confiemos en nosotros hasta que nos demostremos lo contrario.

TALENTOS

Nuestros talentos determinan lo que podemos hacer. Nuestra motivación precisa cuánto estamos dispuestos a hacer. Nuestra actitud va a fijar qué tan bien lo hacemos.

Tres tipos de talentos:

- Natural. Habilidad o capacidad que todos tenemos de forma natural, se relaciona con la aptitud y la inteligencia.

- Potencial. Es aquel que tenemos la capacidad de desarrollar y trabajar, para superar al talento, cuando este no trabaja lo suficiente.

- De alto rendimiento. Es el que sitúa a algunas personas por encima de la media. No suele ser común. La manera más efectiva de hacerlo es efectuarlo intensamente.

Si creemos que tenemos talentos, por qué no los utilizamos.

Consideraciones sobre los Talentos del ser humano:

Nuestro talento es un obsequio de la generosidad de la vida, pero nuestro carácter es una decisión personal.

En el camino de vida, vayamos paso a paso, con confianza y talento, así llegaremos muy lejos.

Hoy, con mis talentos, haré lo que otros no harán; mañana conseguiré lo que otros no pudieron.

Los talentos son útiles sólo cuando la mente sabe cómo utilizarlos.

Todos tenemos talentos porque, como personas, tenemos algo que crear, perfeccionar o innovar: siempre habrá una mejor manera de hacer las cosas.

Nuestros talentos son eficientes cuando sabemos lo que se ha de decir de lo que se sabe.

La genialidad son los talentos motivados por la pasión por el perfecionamiento.

El esfuerzo sin talento es una situación deplorable, pero el talento sin esfuerzo es una aberración.

OPORTUNIDADES

Las oportunidades se aprovechan en el momento, si no siguen su camino.

La vida es generosa, nos da un sinfín de oportunidades, cada persona decide cuáles aprovechar.

Si no se aprovechan las oportunidades…

Consideraciones sobre los Oportunidades del ser humano:

Las oportunidades también caducan, hay que aprovecharlas en su momento.

Toda oportunidad se multiplica a medida que es aprovechada.

Detrás de cada problema hay una oportunidad. En medio de la dificultad reside la oportunidad. Sólo tenemos que ser buenos observadores.

Cuando la preparación, la determinación y la oportunidad coinciden se da el éxito.

Una puesta de sol es como una oportunidad: si se espera demasiado, se pierde.

Las buenas oportunidades sólo llegan de vez en cuando a nuestra vida, se tienen que aprovechar para que no se vayan.

Si nos ha llegado la oportunidad que tanto esperábamos, no lo pensemos más, debemos aprovecharla.

Quienes no quisieron cuando pudieron,
no podrán cuando quieran.
Atte. La oportunidad

RETOS

Los retos son esos desafíos que superamos por medio de nuestra creatividad emprendedora, nuestro esfuerzo, el trabajo fecundo y creador y nuestras sólidas convicciones.

Consideraciones sobre los retos del ser humano:

Seamos nuestros mayores desafíos, porque somos competidores de nosotros mismos.

En nuestra vida siempre habrá nuevos retos que superar, necesitamos estar motivados.

Aceptemos el reto de pensar mejor, hacerlo mejor y ser el mejor.

En nuestra vida, aceptar retos es inevitable, ser derrotados es opcional.

Los desafíos que implican un futuro incierto son mucho más interesantes que las historias del pasado.

A veces parece imposible superar un desafío, hasta que lo intentamos y lo logramos.

Frente a las circunstancias, situaciones, escenarios de la vida, si no decidimos nosotros, otras personas lo harán, y probablemente sí serán capaces de afrontar esos retos.

Aceptemos esos desafíos que la vida nos presenta y superémoslos, por algo serán.

LOGROS

El mayor logro que puede tener una persona es el conocimiento de sí misma.

Consideraciones sobre los logros del ser humano:

Es increíble lo que podemos lograr cuando no tiene importancia quién se ha de llevar el crédito.

En nuestro camino de vida, tenemos un punto de partida para lograr lo que nos proponemos, a eso le llamamos deseo.

Los verdaderos logros son del equipo de trabajo, suman sus voluntades, talentos, capacidades y coordinan sus esfuerzos.

El miedo al fracaso es la barrera que nos impide lograr lo que nos proponemos ser y hacer en nuestra vida.

El entusiasmo y el optimismo son la fe que nos lleva al logro de nuestros proyectos. Sin credibilidad, confianza y esperanza, sería imposible.

Todo lo que nuestra mente puede concebir, creer, y el corazón desear, lo podemos lograr.

Todos los grandes personajes en la historia que han logrado grandes éxitos lo han hecho porque han sido grandes soñadores.

Los Emprendedores Inteligentes son personas de Oportunidades, Retos y Logros.

*Toda decisión del ser humano tiene una fuerza dinámica, que
se expresa e influye en las sucesivas vivencias
existenciales del ser humano en su
camino de vida.*
-Írbiloc7-

CAPÍTULO 5

EGO

Una persona egoísta no es capaz de descubrir la felicidad que
implica el poder de dar o compartir algo que haga
feliz a otra persona.

El egoísmo es la actitud de quien manifiesta un excesivo amor por sí mismo y que solamente se ocupa de aquello que es para su propio interés y beneficio, sin atender ni reparar en que los demás también tienen ciertas necesidades que deben ser satisfechas.

Qué clase de mundo tendríamos si hubiera menos ego...

La palabra, como tal, proviene del latín ego, que significa 'yo', y se compone con el sufijo -ismo, que indica la actitud de quien solo manifiesta interés por lo propio.

Algunas características del egoísmo:

◇ Comunicación deficiente.

◇ Expone una excusa, un pretexto.

◇ Sólo importa lo que interesa a uno.

◇ Organización deficiente.

◇ Demasiado materialista.

◇ Necesidad de controlar.

◇ No existe el nosotros.

CONSECUENCIAS Y REPERCUSIONES DEL EGOÍSMO

Algunas consecuencias:

◇ Se pierde credibilidad y confianza.

◇ Se tiene un desgaste emocional que puede afectar la salud.

◇ La comunicación se deteriora paulatinamente hasta el punto de perderla.

◇ Se da una confusión de los sentimientos y emociones.

◇ Se diluye el respeto hasta perderlo.

◇ Se extingue el amor.

◇ Se llega a la soledad, a tal punto de sentir la pérdida del sentido de la vida.

ALGUNAS REPERCUSIONES:

◇ Quien es egoísta no es capaz de amar, sólo quiere satisfacer sus propias necesidades.

◇ El ser egoísta se encierra en su propio mundo, vive sin convivir.

◇ Ser egoísta es tener pobreza espiritual.

◇ El egoísmo es un problema de la mente humana.

◇ El egoísta culpa a los demás de sus errores y problemas.

◇ El egoísta está acostumbrado a recibir, más que a dar.

◇ El ego es una ausencia de las conciencias.

Seamos conscientes de nuestra naturaleza humana, así como también de nuestra esencia espiritual; eso nos dará la humildad y la fortaleza necesarias para controlar y someter a nuestro ego más allá de nuestras limitaciones humanas.

La peor pérdida de tiempo es discutir con el necio, el fanático, el egoísta, el que no le importa la verdad ni la realidad, sino el imponer sus creencias, sus "verdades".

Jamás perdamos tiempo con discusiones inútiles que no tienen sentido, que no conducen a nada, que se pierden en detalles sin importancia.

Hay personas que, por muchas evidencias y pruebas que les presentemos, no tienen la capacidad de comprender estas; y hay quienes están cerrados por el ego, el odio, la envidia, el resentimiento, la amargura, los celos, y lo único que desean es tener la razón, aunque no la posean.

La necesidad de control aparece con el miedo al cambio y a la inseguridad emocional. Es ahí donde habla el Ego, la lógica de cada uno y, en consecuencia, la resistencia a tener libertad, a abandonar la esclavitud.

El egoísmo es el cáncer que afecta una relación humana.

Una persona egoísta termina destruyéndose y deteriorando sus relaciones humanas.

Una personalidad egoísta cree que vive para sí, no para servir a sus semejantes.

Para dejar de ser egoísta hay que reconocerlo, así como:

◇ Procurar el bien de las personas de manera desinteresada, incluso a costa del interés propio.

◇ Tener la actitud de prestar su apoyo incondicional a las causas, deberes o responsabilidades de otras personas.

◇ Tender anímicamente a actuar con desinterés o desprendimiento de lo que tiene.

◇ Externar un sentimiento de aprecio por quienes merecen un favor recibido, un beneficio.

◇ Actuar con respeto y fidelidad a los propios principios éticos y valores morales.

◇ Compartir lo mejor de uno mismo.

◇ Aceptar que a veces somos algo egoístas.

Nuestro Ego dice: "Cuando todas las cosas estén en su lugar, encontraré la paz". Nuestro espíritu dice: "Encuentra la alegría de dar y todo lo demás estará en su lugar".

SALUD FÍSICA

La salud física es el resultado de que nuestra capacidad mental y fortaleza espiritual estén interviniendo apropiadamente en nuestro cuerpo.

Gozar de una buena salud, tanto física como mental y espiritual, nos mantendrá en equilibrio, lo cual nos genera bienestar y armonía que benefician nuestra personalidad y fortalecen nuestras facultades, para poder hacerles frente a todos los retos que la vida nos presente en nuestro vivir cotidiano.

¿Cómo mantenemos una buena salud?

Es elemental mantener en excelente estado la salud física; para lograrlo necesitamos tomar decisiones con convicción, tener hábitos positivos que nos ayuden, una buena actitud para percibir sus beneficios y una perseverancia capaz para alcanzar excelentes resultados.

Si queremos gozar de una excelente salud física, requerimos, como mínimo:

♦ Llevar un régimen alimenticio balanceado que nos proporcione los nutrientes necesarios para alimentarnos sanamente, sin excesos, con justa medida.

♦ Realizar un ejercicio físico para mantener nuestro cuerpo en óptimas condiciones.

♦ Tener una cultura preventiva y acudir periódicamente con el especialista médico y el dentista, para constatar nuestro estado de salud.

- La salud es un acuerdo responsable entre nuestro cuerpo y nosotros.

- La salud física es el bienestar del cuerpo y un óptimo funcionamiento del organismo en general.

- La salud física es un requisito primordial para sentirnos felices.

- No valoramos nuestra salud hasta que la enfermedad se hace presente.

Un cuerpo sano es el resultado de un esfuerzo por parte de una mente sana.

SALUD MENTAL

Nuestra salud mental depende del buen manejo de nuestras emociones.

Es esencial conservar en excelente estado nuestra salud mental; para lograrlo necesitamos decidir con convicción qué creencias, sentimientos, pensamientos, emociones, etc., vamos a permitir que se aniden en nuestra mente. Esto es un filtro crucial para nuestra salud mental.

Para gozar de una excelente salud mental, requerimos, como mínimo:

- Que nuestra salud mental dependa de nosotros.

- Distinguir quiénes merecen una explicación, quién sólo una respuesta y quiénes no son merecedores de absolutamente nada.

- Mantener una buena salud mental es esencial para bien vivir y mejor convivir.

- Nuestra salud mental influye en nuestra autoestima, seamos positivos.

- No permitamos que lo que no podamos ser o hacer interfiera con lo que sí podemos ser o hacer. Eso es, precisamente, tener salud mental.

- El gozar de buena salud mental es poder cambiar las cosas que miramos.

- Una mente sana influye en tener, una óptima salud.

Una buena salud mental nos dice: "No hay estrés en la vida, sólo personas teniendo pensamientos estresantes y actuando con ansiedad".

SALUD ESPIRITUAL

Nuestra salud espiritual se da mediante la gratitud del momento presente, lo cual nos abre la dimensión Espiritual en nuestro camino de vida.

Para gozar de una excelente salud espiritual, necesitamos, como mínimo:

- Tener siempre presente que somos seres espirituales pasando un determinado tiempo en un cuerpo humano.

- Entender que nuestra salud es un efecto propio de la espiritualidad, que hace que el estar sano sea natural en nuestra humanidad.

- Entender que el ser humano no puede vivir y convivir sin tener una vida espiritual.

- Comprender que nuestro entusiasmo, optimismo, alegría son porque tenemos salud espiritual.

- Dejar ir lo que a nuestra mente le intoxica, así encontraremos lo que nuestro espíritu necesita.

- La espiritualidad de un sabio dijo: "Nunca comentes demasiadas cosas de ti a los demás, ten presente que en tiempos de envidia el ciego comienza a ver, el mudo a hablar y el sordo a escuchar".

◇ Que una persona espiritual envíe pensamientos positivos a la vida, active positivamente su camino en su entorno y atraiga resultados positivos para sí misma.

Nuestro bienestar es tener un cuerpo sano, una mente en armonía y un espíritu sereno. Disfrutemos el camino mientras trabajamos en nuestro bienestar.

ENFERMEDAD Y MIEDO

La enfermedad y el miedo están íntimamente relacionados. Lo que para la enfermedad es el miedo, el miedo es a la enfermedad.

La enfermedad de nuestro cuerpo es una respuesta de que nuestra salud mental no es tan buena como debería de ser.

Si pensamos en la enfermedad, nos enfermamos; si creemos en la salud, tendremos salud.

Sin manipulación no hay miedo, y sin miedo no hay poder.

La enfermedad es el deterioro o pérdida de la salud física, mental o espiritual.

El miedo es un sentimiento de desconfianza, una sensación de angustia, una reacción ante un peligro real o ficticio.

El cuerpo enferma para que la salud espiritual se manifieste y se fortalezca. Sólo así el cuerpo recuperará la salud: al disponer del remedio adecuado.

Manejar nuestros miedos es ser personas con equilibrio emocional, capaces de vivir y convivir en armonía en su vida.

El estrés es una incubadora que facilita el desarrollo de enfermedades físicas, mentales y espirituales.

Tenemos miedo porque lo deseamos.

El miedo nos indica que debemos ser o hacer en aquello que tememos.

Hagamos siempre lo necesario para enfrentar nuestros miedos.

La enfermedad es lo que hablamos, escuchamos, comemos, bebemos, pensamos, sentimos, respiramos, y no lo eliminamos.

Nuestros miedos terminan cuando nuestra mente es consciente de que es ella la que crea esos miedos.

La sonrisa y la actitud positiva son un buen remedio para la enfermedad.

Cuando somos y hacemos lo que más tememos, es cuando sabemos que podemos ser y hacer cualquier cosa, por imposible que parezca.

Un sistema inmunológico o sistema inmunitario es el conjunto de elementos y procesos biológicos en el interior de un organismo que le permite a este mantener la homeostasis o equilibrio interno frente a agresiones externas, ya sean de naturaleza biológica o fisicoquímica, e internas. Reconoce lo dañino y reacciona frente a ello.

El ser humano tiene la capacidad de vencer la enfermedad y manejar sus miedos, pero no sabe cómo.

FUERZAS DEL BIEN Y DEL MAL

El bien existe porque existe el mal; el mal existe porque existe el bien. Ambos existen para que el ser humano forme parte de una confrontación entre las fuerzas del bien y del mal.

Si hacemos una buena obra, nos sentimos bien; si obramos mal, nos sentimos mal.

La naturaleza del ser humano es hacer el bien, pero...

Las personas que hacen cosas buenas aspiran a vivir y convivir felices.

La maldad se combate con el bien, no con el mal.

La grandeza del bien es una buena acción.

Si alguien nos desea un mal, correspondamos deseándole el bien.

A fin de cuentas, todo saldrá bien, y si no sale bien es porque aún falta que hacer.

La maldad se posesiona de las personas más cercanas a nosotros para hacernos un mal.

Las personas buenas son generosas y agradecidas, ayudan sin esperar nada a cambio.

Las personas malas son malas hasta consigo mismas.

En este mundo hace mucha falta gente buena que valore el bien, que sean un ejemplo a seguir.

No ignoremos la maldad, podríamos convertirnos en cómplices.

No se trata de encontrar una persona buena, se trata de encontrar algo bueno en una persona común.

Quienes confunden el bien y el mal son enemigos del bien. El bien se paga con el bien, pero el mal se paga con la justicia.

MILAGROS Y BENDICIONES

Los milagros suceden cotidianamente, son en sí consecuencias del Amor, de nuestra fe y credibilidad en Dios Padre, en nosotros, nuestros semejantes, en la generosidad de la vida.

Todo milagro es una bendición, llega con oportunidad para quienes saben esperar.

Pidamos a nuestro Padre con fe y esperanza, tengamos paciencia y los milagros vendrán en su momento.

La vida es un milagro que tiene una sublime bendición. Todo lo que tiene vida es un milagro, una bendición.

Seamos agradecidos.

Tenemos maneras de vivir y convivir en la vida, una de ellas es como si nada fuera un milagro, otra es como si todo lo que existe fuera un milagro.

El recibir la bendición de nuestro Dios Padre, por parte de nuestros semejantes, es lo más preciado que una persona nos puede dar.

Los milagros tan sólo son consecuencias de tener fe en nuestras creencias.

Muchas cosas nos pueden faltar, pero si nos bendicen sentimos que nada nos falta.

Si creemos que la vida es un regalo, su generosidad nos recompensa con milagros.

Si creemos en la Bendición, somos muy afortunados. Agradezcamos.

Somos el más maravilloso de los milagros, sólo puede explicarse y entenderse por el amor de nuestro Creador, Dios Padre.

El amor de una madre es una sublime bendición que nos protege de todo mal y fortalece nuestros pasos en el camino de la vida.

Los milagros surgen cuando nuestra fe es tan grande en nuestro Padre, en la generosidad de la vida y en nosotros mismos.

Ser parte de una familia es una bendición que tenemos que agradecer.

El explicarnos lo imposible tiene una respuesta: milagro.

Demos al mundo un afectuoso saludo con la sonrisa del corazón, un cálido abrazo lleno de paz y nuestra especial bendición con todo nuestro amor.

Toda bendición del Padre es un gran milagro,
todo gran milagro es una bendición.

No es fácil entender lo que nos sucede, las situaciones
que vivimos, sus circunstancias, lo que nos
acontece cotidianamente.
-Írbiloc7-

CAPÍTULO 6

INSPIRACIÓN

*La inspiración es la chispa que enciende
la creatividad de la imaginación.*

La Inspiración es el inicio, el alma de todo proyecto; es la musa de los artistas. Todos somos artistas, porque todos tenemos algún talento para crear algo.

¿Qué es lo qué haremos con nuestra inspiración?

La voz silenciosa del espíritu emprendedor le dijo al aprendiz de la vida: "Lo que somos o hacemos proviene, en ocasiones, de la inspiración divina; otras, de la estimulación creativa mediante acciones que fluyen de la generosidad de la vida; unas más, de lo que sentimos, pensamos, reflexionamos, experimentamos y alguna vez hicimos".

¿Con qué nos inspiramos ? ¿A qué podríamos dedicarle horas sin apenas darnos cuenta? ¿Qué nos lleva a desarrollar nuestra creatividad? Las respuestas las tiene cada ser humano, son personales.

Al tener la bendición en nuestro peregrinaje por nuestro camino de vida, adquirimos la luz, la inspiración y la orientación del Espíritu de Dios Padre.

La inspiración es un talento que se descubre, se desarrolla y se ejerce.

El amor es fuente natural de la inspiración; la música, su complemento.

Una persona inspirada es capaz de crear bellas y hermosas cosas.

El talento de una persona depende de la inspiración, pero el esfuerzo, sólo de ella.

La inspiración nos llega en el momento en que empezamos a crear, a innovar.

Quizá sepamos lo que somos, pero con inspiración podemos lograr lo que nos proponemos ser o hacer.

Encontrar lo que realmente nos inspira es una bendición. Demos gracias.

Mientras tengamos vida, la inspiración seguirá fluyendo para que nuestra imaginación creativa prosiga creando.

CREATIVIDAD

La imaginación es la chispa que enciende la creatividad del ser humano para personalizarla en todo lo que es y hace.

Hagamos de nuestro trabajo una forma de vida productiva, donde nuestra voluntad sea recompensada mientras disfrutamos de esos momentos; donde enfrentemos retos para superarlos; donde nuestra inspiración la apliquemos en nuestra creatividad emprendedora mediante nuestra innovación y esfuerzo productivo.

Tengamos presente que la innovación y la creatividad son labores emprendedoras e inteligentes.

La inteligencia de un aprendiz de la vida consiste en una creatividad inspirada para lograr ser o hacer lo que tiene que ser y debe hacerse.

Ser personas creativas significa amar la vida para realzar lo bueno que nos ofrece su generosidad.

Las actividades de una persona se vuelven creativas cuando esta las hace lo mejor posible.

Nunca dejemos de innovar y crear, la satisfacción será nuestra recompensa.

Al aplicar la innovación en nuestra creatividad, más la desarrollamos.

La innovación y creatividad es el arte de los emprendedores inteligentes.

La intuición es la creatividad que trata de decirnos la mejor forma de innovar algo.

Un verdadero acto de fe es creer; la credibilidad es saber que hay una mejor manera de hacer las cosas, de innovar y perfeccionar lo que otros han hecho.

DIAGNÓSTICOS

Cuanta más información tengamos sobre los antecedentes de algo, podremos hacer un diagnóstico más veraz y confiable para encontrar la mejor solución.

Diagnóstico es el análisis que se realiza para determinar la naturaleza de cualquier situación y sus tendencias.

Se lleva a cabo por medio de datos, hechos recopilados y ordenados sistemáticamente, que permiten una mejor interpretación.

El diagnóstico es esa luz que ilumina una solución.

Un buen diagnóstico reduce la complejidad del problema.

El diagnóstico es una valiosa herramienta para tratar de remediar un problema.

El diagnóstico correcto es aquel que nos da más probabilidades de encontrar las mejores soluciones.

Cuando hagamos un diagnóstico conductual de nuestra vida, busquemos toda la información de nuestros comportamientos, así nos perfeccionaremos y seremos mejores personas.

Un Diagnóstico conductual sería lo más conveniente, para saber lo que tenemos que hacer …

La orientación conductual nos guía a partir de un diagnóstico; si este es bueno, se traza el camino adecuado.

El arte de un buen diagnóstico consiste en recabar información. La naturaleza provee la solución.

La necesidad de realizar un buen diagnóstico está basada en el principio de que es necesario, primero, conocer, para actuar con eficiencia.

FORTALEZAS

Valoro mis fortalezas y agradezco mis debilidades, me enseñan a ser humilde.

Nuestra fortaleza es la credibilidad y confianza en Dios Padre, en nosotros mismos, en nuestros semejantes y en los demás seres vivos.

Cómo desarrollamos nuestras fortalezas...

Aceptemos con sabiduría lo que nos sucede en nuestro camino de vida, sea bueno o no tan bueno: sigamos caminando con paciencia y entereza.

Mi voluntad es mi fortaleza y mi hacer son mis inteligencias.

Las opiniones de los demás no las tomo como críticas ni como insultos, son perspectivas que me permiten ver mis fortalezas y debilidades y decidir con un mayor rango de conciencia.

La más grande competencia en la vida es con uno mismo, consiste en reconocer las debilidades para superarlas y ser humildes en las fortalezas, para aprovecharlas convenientemente y así lograr esa tan necesaria paz interior que nos permita ser mejores personas.

Mediante la inteligencia emocional, tenemos la capacidad para manejar nuestros miedos y transformar nuestras debilidades en fortalezas.

Nos llega un momento en la vida en que sólo nos queda expresar la fortaleza de nuestra espiritualidad, para que la esperanza se materialice.

Que la fortaleza de nuestra fe brille con tal intensidad que ilumine los senderos más oscuros de nuestro camino.

Las personas que se cruzan en nuestro camino son las correctas para darnos lo que necesitamos, lo que nos brindará entereza para seguir avanzando por nuestro camino de vida.

DEBILIDADES

Reconozco mis debilidades y agradezco mis fortalezas, ambas me enseñan a ser una persona digna de respeto.

La naturaleza del ser humano aparenta ser débil, sin embargo tiene que descubrir sus fortalezas, para ser fuerte.

Pensemos que somos débiles: ¿qué necesitamos hacer?...

De las debilidades surgen las mayores fortalezas.

Trabajemos duro en nuestras debilidades hasta que se conviertan en nuestras fortalezas.

Toda relación humana tiene sus debilidades, pero también, sus fortalezas.

Nuestra mayor debilidad puede ser ayudar a nuestros semejantes, aunque tal vez no los estemos ayudando.

De vez en cuando, la vida nos pone a prueba, no para mostrar nuestras debilidades, sino para descubrir nuestras fortalezas.

Transformar nuestras debilidades en fortalezas es la clave para superar cualquier desafío y ganar toda batalla que la vida nos presente.

No nos detengamos por nuestras debilidades y limitaciones, utilicemos nuestras fortalezas y capacidad de aprender, para seguir con nuestro camino.

Debemos saber que tenemos que ser muy cuidadosos de nuestras fortalezas y debilidades.

*Tratemos de que nuestras fortalezas consoliden nuestra
esencia espiritual y que nuestras debilidades nos
recuerden nuestra naturaleza humana.*

TRABAJO

*Creamos en el trabajo fecundo y creador, en el trabajo en
equipo, como un medio eficiente para tener éxito
en lo que emprendamos en la vida.*

Veamos en los desafíos verdaderas oportunidades para nuestro crecimiento personal y desarrollo profesional.

¿A las personas emprendedoras, proactivas, responsables, honestas, serviciales, puntuales, disciplinadas les faltaría trabajo?

Se ha comprobado que un buen ambiente de trabajo influye en una mayor calidad, menos sanciones, mayores facilidades, mejores prestaciones. Así, aumentan el compromiso laboral, la motivación personal y la eficiencia profesional.

Es mejor trabajar en ambientes amables, de reciprocidades, de credibilidad y confianza mutua, que en entornos hostiles y desgastantes, los cuales sólo causan mermas y afectan la productividad.

El trabajo honesto, responsable y disciplinado es el resultado del esfuerzo de los trabajadores para enaltecer su personalidad.

Todo trabajo hay que desempeñarlo bien, tratando de perfeccionarlo; esto, mediante una innovación constante que supere lo que se haya realizado.

El ser humano productivo es aquel que se enfoca en soluciones, no en problemas: propone alternativas y actúa en consecuencia.

Cuando el trabajo nos causa placer, la vida es alegría, pero cuando lo consideramos una obligación, nos convertimos en esclavos.

Elijamos un Trabajo que nos guste, que disfrutemos, así no tendremos que trabajar un día más en nuestra vida.

En la empresa de la vida, trabajando no se obtiene lo que se merece, se consigue lo que se negocia.

SER, HACER, TENER, DAR, COMPARTIR

Primero ser, para poder hacer: si hacemos, tenemos; si tenemos, damos y compartimos.

Nuestra vida comienza con Ser lo que queremos ser. Para poder Hacer tenemos que hacer. Solo si Tenemos podemos Dar y Compartir.

Seremos capaces de Ser, Hacer, Tener, Dar, Compartir algún día…

El ser humano se pregunta: "¿Por qué existo?, ¿para qué vivo?". Las respuestas las va encontrando durante su caminar por la vida.

SER

El Ser del ser humano debe tener presente que es una personalización de la vida, es decir, una persona que, viviendo y conviviendo libremente, debe:

◇ Vivir su propia vida.

◇ Tomar sus propias decisiones

◇ Tener sus creencias.

◇ Despertar sus conciencias.

◇ Ejercer y aplicar sus inteligencias.

◇ Confiar en su sentido común e intuición.

◇ Desarrollar, fortalecer y aplicar su espíritu emprendedor.

No podemos ser y no ser algo al mismo tiempo y bajo la misma percepción.

HACER

*El Hacer del ser humano debe ser simple, sencillo, agradable, no tiene
que resolverlo todo, pero necesita hacer algo que le guste,
que disfrute en la vida, que justifique su existencia.*

Lo que hagamos o dejemos de hacer influye en nuestra vida, para bien o para mal, de acuerdo con nuestras decisiones.

La mejor manera de hacer es ser uno mismo.

Hay muchas cosas que hacer en esta vida, todo es cuestión de comenzar y caminar.

Es un verdadero privilegio poder hacer todo lo que nos apasiona mientras estamos trabajando.

Hagamos siempre lo correcto, es tan importante como hacerlo bien.

Sólo hacemos bien las cosas que queremos hacer: que bien valga la pena el hacerlas.

*Si dudamos entre hacer y no hacer, decidamos el hacer.
Si nos equivocamos, al menos tendremos la experiencia.*

TENER

*El Tener del ser humano es una bendición: él tiene todo
lo necesario para satisfacer sus necesidades,
sólo tiene que trabajar para tener.*

Lo que ha logrado tener una persona en su vida debe haber sido obtenido mediante el trabajo honesto.

El poder tener un patrimonio es el fruto de su trabajo por los años laborados a lo largo de su vida.

Si no se trabaja, no se tiene; el no tener es frustrante y afecta la autoestima.

Lo valioso que el ser humano tiene es su voluntad.

Tenemos lo que merecemos. Trabajemos para ser dignos de tenerlo.

Todo lo que hemos logrado tener en la vida es bueno para nuestra paz interior.

Si Tenemos principios éticos y valores morales, lo tendremos todo.

La ambición obsesiva por tener nos causa desdicha.
Seamos generosos con lo que tenemos,
así seremos felices.

DAR

El Dar del ser humano es una virtud que
dignifica y enaltece su personalidad.

Nadie da lo que no tiene, ni merece lo que no se ha ganado.

Dar con generosidad es dar con el corazón.

Demos parte de lo que tengamos, sin condiciones, para poder recibir con afecto lo que nos hace falta.

Sólo tenemos que pedir a quienes puedan darnos.

No esperemos recibir si no hemos aprendido a dar.

Sólo dando se recibe, pero el dar tiene que ser con la generosidad del corazón.

La generosidad es dar antes de que se nos pida.

Gracias, nuestro Dios Padre, por darnos tu amor, paz, bendiciones, comprensión, misericordia, perdón y espiritualidad.

El Compartir lo que tenemos nos hace vivir y convivir más plenamente.

Lo que es mío es tuyo; lo que es tuyo es nuestro.

Cuando compartimos una sonrisa, expresamos nuestra bondad.

Compartamos nuestros conocimientos y experiencias, así tendremos el legítimo derecho de recibir más conocimientos y vivir más experiencias.

Compartamos nuestras opiniones sólo con quienes aprecian nuestros puntos de vista.

El compartir un buen proyecto, una excelente idea es una manera sublime de satisfacer una necesidad de la humanidad.

Compartir nuestra vida con otra persona es ser nosotros, no tú, no yo.

El compartir con los necesitados lo poco que tenemos puede cambiar una vida sin darnos cuenta.

Somos lo que somos por lo que hacemos,
tenemos, damos y compartimos.

Somos parte muy importante en éste mundo que vivimos,
lo que hagamos o dejemos de hacer repercute en
la vida, tiene: resultados, consecuencias.
-Írbiloc7-

CAPÍTULO 7

ORACIÓN MEDITATIVA

La mejor oración es la que se reza con el corazón, aquella con la que sentimos tener un vínculo de amor, una relación espiritual, una comunión con la divinidad.

Es al amanecer después de despertar cuando te agradecemos Dios Padre el vivir un nuevo día con tu bendición, amor, comprensión, paz, armonía, esperanza y humildad. Conviviendo con alegría una nueva jornada.

Muchas gracias mi Dios Padre.

Después de un merecido y reconfortante descanso, restablezcamos nuestra conexión con nuestro cuerpo, mente y espíritu. Es este un tiempo preciso, idóneo y tranquilo para orar.

Tengamos un maravilloso día para vivir y convivir, de cada uno va a depender cómo vivirlo y cómo convivirlo.

Prestemos mucha atención, nuestras decisiones van a influir en este día, para bien o para saber que no decidimos bien; es decir, para aprender una lección de vida de manera acertada.

Llevemos a cabo respiraciones profundas, positivas y trascendentes para tener buena salud en nuestro día.

Al levantarme comienzo con Siete respiraciones profundas:

Cada vez que respiro: INHALO toda la energía espiritual, tan divina como sagrada, esa energía positiva que emana del Espíritu del Amor de Dios Padre, para que:

FLUYA por todo mi Ser despertando mis conciencias, ejerciendo mis inteligencias.

ABRA mi mente.

SENSIBILICE mi corazón.

INSPIRE mi intelecto.

CLARIFIQUE mi razonamiento.

ALERTE mis sentidos.

APLIQUE mi sentido común, escuchando a mi intuición emprendedora

Al EXHALAR, desecho toda la energía negativa y tóxica acumulada dentro de mí Ser, para sentirme muy bien de salud: (corporal, mental, sentimental, emocional, racional, intelectual y espiritual).

Todo eso limpia mi cuerpo, mi mente y mi espíritu, para disfrutar de todo aquello que la generosidad de la vida me ofrece cotidianamente.

Tenemos muchas decisiones que tomar cada día: ¡pensemos antes de tomarlas!:

¿es buena para mí, para los demás?, ¿no nos causa daño alguno? Si es así, estamos decidiendo bien.

Reiniciemos nuestro camino de vida: cada día es importante empezarlo con una oración que nos permita agradecer el amanecer.

Cada día es importante, así que empecémoslo con una Oración meditativa que nos permita tener armonía, alegrías y esperanza.

Hola, vida; buenos días, alegría.

¿estamos listos y preparados para disfrutar un día más en nuestro camino de vida?

Comencemos persignándonos, es decir: realicemos la señal de la cruz: "Por la señal de la Santa Cruz, de nuestros enemigos líbranos, Señor, Dios nuestro. En el nombre del Padre, del Hijo y del Espíritu Santo. Amén".

Cuando la inspiración es sublime, humilde y trascendental, esta transforma las palabras en amor para expresar nuestro sentir en una bella, profunda y trascendente Oración, con conceptos que despiertan nuestra Conciencia espiritual para sentirnos plenos y satisfechos de vivir y convivir en armonía, con amor y en paz durante nuestro recorrido por nuestro Camino de Vida.

ORACIÓN MEDITATIVA

Mi Oración es Meditativa para que mi camino, mi vida y mis decisiones tengan una razón de Ser y muchas de Hacer.

La Oración Meditativa, es mi Plegaria donde reflexiono el significado, la interpretación y trascendencia de mis palabras para actuar en consecuencia.

Con la Oración Meditativa, entro a una dimensión espiritual, que tiene una frecuencia energética poderosa, tan sagrada como divina que me hace vibrar de manera positiva para fortalecer y darle sentido a mi vinculo de amor y mi comunión espiritual con la Divinidad.

Mi Oración Meditativa me inspira, me motiva y fortalece mi Espíritu Emprendedor para lograr tener éxito en todo aquello que emprendo.

Con mi Oración Meditativa tengo esperanza en mi vida, al creer y confiar que siempre habrá algo bueno que me motive, una mejor oportutunidad que alegre mi día.

La paz que me da mi Oración Meditativa, le da estabilidad a mi mente, armonía a mis emociones y mi espiritualidad se expresa libremente.

La Oración Meditativa es una sublime Bendición la cual rezo de corazón a quienes forman parte y me acompañan en mi Camino de Vida.

Mi Oración Meditativa, son mis rezos enunciados que expresan una o más preguntas existenciales mediante peticiones a la Divinidad, para escuchar respuestas donde reflexiono su significado, interpretación y la trascendencia que tienen en mi esas palabras expresadas con conceptos liberadores, que despiertan mis conciencias, potencian mis inteligencias y me permiten actuar en consecuencia en mi caminar por la vida terrenal que me lleva al encuentro de mi destino espiritual.

Somos un instrumento más del Padre, un medio para que su voluntad sea cumplida en el Universo del tiempo y del espacio.

Beneficios:

La Oración Meditativa es la llave con la cual:

... abro las puertas de un bello amanecer en un hermoso día y cierro las puertas del anochecer para dar entrada a mi sagrado descanso y bienvenida a mis sueños.

... recibo una Bendición Sublime, al darme ese amor, esa paz, esa armonía, como también una credibilidad y confianza de ser lo que debo ser y de hacer lo que tengo que hacer.

...fluyo libremente con Amor a la vida, en Paz conmigo, con Esperanza en el futuro, con una Sonrisa de corazón, con Serenidad en mi mente, con Armonía en mis emociones, sin ansiedad ni estrés para sentirme bien y con una Conciencia despierta que me haga ser consciente de mi realidad existencial.

... siento una Paz que le da estabilidad a mi mente, armonía a mis emociones y libertad de expresión a mi espiritualidad. Eso hace que se de una sincronía y sinergia entre mi ser, cuerpo, mente, emociones, razonamiento, intelecto y espíritu, encontrándo un equilibrio personal y un verdadero sentido a mi vivir y convivir. Así como el fluir libremente en la vida.

... entiendo que todo lo que sucede en mi vida, tiene su tiempo y una razón de ser y hacer. Así mi corazón se sensibiliza

... me hace tener buenos pensamientos, mejores sentimientos y una excelente actitud en mis acciones.

... la humildad se hace presente en mi persona al orar, me hace saber cómo manejar mi ego, superar mi soberbia y ser menos intransigente.

Harán nuestras oraciones alguna diferencia en nuestra vida...
¿Qué significado le podemos dar el rezar y orar?:

REZAR, es hacer una pausa en nuestra vida, en un mundo agitado. Es calma cuando todo parece tempestad, Es serenidad cuando la intranquilidad, la incertidumbre, la ansiedad, el estrés se quieren transformar en depresión.

ORAR, es libertad, una forma de interdependencia mental, emocional y espiritual. Es un acto de amor que expresamos por las personas que están en nuestro Camino de Vida. Es darles nuestras bendiciones, paz, estimación, cariño... Y sobre todo cuando rezan por uno, es la mayor bendición que se puede recibir y tener en la vida, un apoyo incondicional, un gran privilegio.

REZAR, es amar tanto a alguien como para orar por él, y que ese alguien nos ame tanto como para rezar por nosotros.

ORAR, es tener fe, una fe sustentada en la credibilidad y confianza en Dios Padre, en las divinidades. En la oración esta la fuente de energía espiritual que fortalece al ser humano para seguir con buen ánimo y actitud positiva en su peregrinaje por el Camino de la vida.

REZAR, es vibrar en una frecuencia energética espiritual, sagrada, tan divina como positiva, es un poder espiritual que nos fortalece, predispone y dispone para orientarnos al bien, a nuestro bienestar integral.

ORAR, es una expresión de amor, es tener Fe y la esperanza de un maravilloso y mejor mundo.

REZAR, es encontrar remedio a nuestros pesares, consuelo a nuestras aflicciones, esperanza en nuestra desesperación.

¿Cabe mayor orgullo? ¿Existe mayor satisfacción y plenitud que la de saber que hay un Padre, una Madre, un hermano, un hijo, un familiar, un amigo, un conocido o tal vez un desconocido que reza para que Dios Padre nos de salud, nos proteja, nos fortalezca, nos ayude.

Cuando Dios Padre nos bendice, nuestra vida es plena y la convivencia es placentera. Cuando Cristo Jesús nos acompaña, estamos en el camino correcto, viviendo la vida como debe de ser, resucitando en cada bello amanecer.

Cuando el Espíritu Santo nos inspira, nos ilumina, nos orienta y nos guía en nuestro Camino de Vida, nos sentimos seguros, protegidos, entusiastas, optimistas, emprendedores con ánimo, esperanza y fe.

Todo lo que nos sucede, lo que somos y hacemos es por una razón divina, es lo más conveniente, aunque en ocasiones no lo entendamos de momento, nos cause incertidumbre, incomprensión, dolor, angustia, aflicción...

INVOCACIONES A LAS DIVINIDADES
DIOS MÍO, PADRE NUESTRO:

No permitas que nuestros deseos personales estén por encima de tu sabiduría. Confiamos en que lo que hoy nos sucede es lo mejor que nos puede ocurrir, aunque nos pueda causar: Incertidumbre, ansiedad, estrés, depresión, miedo, dolor, pesar de que no lo entendamos en su oportunidad. Amén.

Dios Mío, Padre Nuestro:

Líbranos del pensamiento negativo que sólo engendra preocupación, apatía, egoísmo, soberbia, orgullo, intransigencia, malas vibras. Amén.

Dios Mío, Padre Nuestro:

Danos esperanza en cada día que vivimos y convivimos en este mundo donde habitamos, en esta vida, para sentirnos plenos, satisfechos y agradecidos. Amén.

Dios Mío, Padre Nuestro:

Oriéntanos para reflexionar las situaciones con sus vicisitudes, lo que propicia tomar decisiones acertadas para superar obstáculos, disminuir errores y evitar equivocaciones. Amén.

Dios Mío, Padre Nuestro:

Bendice en este día los alimentos que vamos a recibir y disfrutar, para que nos nutran y satisfagan las necesidades alimenticias de nuestro cuerpo, mente y espíritu. Te agradecemos por recibirlos, así como también no les falte alimento a nuestros semejantes y demás seres vivos. Amén.

Dios Mío, Padre Nuestro:

Haz que sea posible la Vibración Energética Positiva, así de Poderosa como Sagrada, tan Divina como Espiritual, que las buenas vibras fluyan por todo nuestro ser, abran nuestra mente, sensibilicen nuestro corazón, despierten nuestras conciencias, inspiren nuestro intelecto, clarifiquen nuestro razonamiento, alerten nuestros sentidos. Ejerzamos y apliquemos sabiamente nuestras inteligencias y sentido común. Escuchemos con atención a nuestra intuición, para poder tomar buenas decisiones. Amén.

Dios Mío, Padre Nuestro:

Gracias, muchas gracias por darnos cada día tu Luz, tus Bendiciones, Amor, Paz, Armonía, Inspiración, Misericordia, Perdón, Esperanza, Consuelo, así como también por expresar nuestras Bendiciones, Amor, Paz, Armonía, Misericordia, Consuelo, Perdón. Amén.

CRISTO JESÚS, HIJO DE DIOS PADRE:

Acompáñanos y aconséjanos por siempre; protégenos en todo momento, situación y bajo cualquier circunstancia. Amén.

Cristo Jesús, Hijo de Dios Padre:

Te suplicamos que no permitas vernos afectados, nos enojemos o perdamos el control cuando experimentemos situaciones perturbadoras, tóxicas, desgastantes emocionalmente, que nos dañan y lastiman. Amén.

Cristo Jesús, Hijo de Dios Padre:

No permitas que nuestras preocupaciones, miedos, odios, aflicciones, la incertidumbre, soberbia, resentimiento influyan en nuestras decisiones, en el cómo manejar nuestra vida, para no vulnerar nuestra estabilidad mental y armonía emocional, y esto repercuta en nuestra paz interior. Porque todo eso, en algún momento, nos afecta y desestabiliza nuestra salud integral. Esperamos que así sea.

Cristo Jesús, Hijo de Dios Padre:

En los momentos más difíciles de nuestra vida, sabemos que estarás a nuestro lado. Amén.

Cristo Jesús, Hijo de Dios Padre:

Tú eres nuestro camino, nuestra verdad y nuestra vida. Amén.

Cristo Jesús, Hijo de Dios Padre:

Eres la verdad absoluta que nos lleva a la libertad de ser y hacer. Amén.

Cristo Jesús, Hijo de Dios Padre:

Seguirte es el mejor camino para que nuestra vida tenga sentido y nuestras decisiones despierten nuestra conciencia espiritual. Amén

ESPÍRITU SANTO:

Ilumina, inspira y guía nuestro camino de vida. Amén.

Espíritu Santo:

Permite que siempre escuchemos tu voz silenciosa, para que inspires nuestra espiritualidad. Amén.

Espíritu Santo:

Haz que sea posible que despertemos nuestros sentidos del espíritu, para que en nuestra vida expresemos nuestra espiritualidad. Amén.

Espíritu Santo:

Condenar no es tu naturaleza, porque eres un Espíritu de Gracia. Amén.

Espíritu Santo:

Ven con nosotros, llena nuestros corazones, enciende en ellos el fuego de tu amor, para que expresemos nuestro amor al mundo. Amén.

Espíritu Santo:

Renueva nuestras almas, para encontrar nuestra paz interior. Amén.

Espíritu Santo:

Mediante tus dones, capacítanos y oriéntanos para cumplir cabalmente nuestra misión en esta vida. Amén.

MARÍA DIVINA, MADRE NUESTRA:

Con amor te pedimos que nuestro camino de vida sea una vía de Serenidad, Tranquilidad, Paciencia, Prudencia, Tolerancia, Comprensión, Generosidad y Humildad. Amén.

María Divina, Madre Nuestra:

Haz que sea posible que nuestro Entusiasmo, Optimismo, Alegría, Sonrisa, Apoyo, Solidaridad, Generosidad, Humildad nos acompañen durante nuestro caminar por la Vida. Amén.

María Divina, Madre Nuestra.

Danos la fortaleza para que podamos perdonar y sentirnos libres, serenos, sin culpas, sin resentimientos ni odios ni temores, sin cargas emocionales negativas. Amén.

María Divina, Madre Nuestra:

Permite que vivamos sin ansiedad para evitar el estrés. Sólo así tendremos paz y al lograr paz nuestro amor se expresa en la vida con una sonrisa. Amén.

María Divina, Madre Nuestra:

Ayúdanos a sonreír, porque una sonrisa expresada al mundo es una alegría a nuestra vida, un bálsamo a nuestro corazón que nos hace sentir la felicidad de aceptar lo que tenemos, de ser lo que somos y hacer lo que debemos. Amén.

María Divina, Madre Nuestra:

Que tu infinita bondad, misericordia y compasión mitiguen nuestro camino de vida. Amén.

María Divina, Madre Nuestra:

En Ti, Madre, encomendamos nuestra vida, con la esperanza de estar siempre en tu divino regazo. Amén.

ÁNGEL DE LA GUARDA, NUESTRA DULCE COMPAÑÍA:

Caminemos juntos en el camino de la vida, nos das certidumbre, fortaleza y seguridad. Amén.

Ángel de la Guarda, nuestra dulce compañía:

Custodio de nuestra vida, te invocamos con convicción, confianza y humildad, para apoyarnos y nos vaya bien en nuestra vida. Amén.

Ángel de la Guarda, nuestra dulce compañía:

Compañero, amigo inseparable de nuestro camino, que tus consejos sean siempre bienvenidos y agradecidos. Amén.

Ángel de la Guarda, nuestra dulce compañía:

Sé nuestro custodio cada día, cada noche, en cada momento, en toda situación. Amén.

Ángel de la Guarda, nuestra dulce compañía:

A cuya custodia nos encomendó Dios Padre, desde el primer instante de nuestra vida, para protegernos de todo peligro y mal, las gracias te doy. Amén.

Ángel de la Guarda, nuestra dulce compañía:

Mensajero de Dios Padre, que tus mensajes sean para ayudarnos a bien vivir y mejor convivir. Amén.

Ángel de la Guarda, nuestra dulce compañía:

Sublime es el privilegio de las almas, por tener un Ángel destinado para su custodia. Amén.

Al caminar por nuestro camino de vida:

◆ OREMOS, para ser escuchados.

◆ Demos BENDICIONES para recibir bendiciones.

◆ Obsequiemos una SONRISA para hacer sonreír.

◆ ABRACEMOS, para sentir la ternura del amor, la fragancia de la amistad, la serenidad de nuestra libertad y paz interior, el aroma de nuestra generosidad, la textura de nuestra sonrisa, la fortaleza de nuestra espiritualidad.

◆ AGRADEZCAMOS, para reconocer las bendiciones, atenciones, los favores recibidos.

◆ PERDONEMOS, para sentirnos libres, sin resentimientos ni odios ni temores, sin cargas emocionales negativas.

◆ AYUDEMOS, para sentirnos muy bien, generosos. Y, sobre todo, AMEMOS, para expresar nuestro amor a la vida, para con nosotros, nuestros semejantes y con los demás seres vivos.

Cada día que vivimos y convivimos, tengamos siempre presente que:

La ORACIÓN orienta nuestro espíritu; la meditación despierta nuestras conciencias, la paciencia nos fortalece, nos compensa al darnos lo mejor, lo que más nos conviene.

Con el RAZONAMIENTO, aclaramos nuestra mente, disipamos nuestras dudas, optimizamos nuestros sentidos, valoramos nuestras inteligencias, tomamos buenas decisiones.

El EJERCICIO fortalece nuestro cuerpo, nos mantiene en armonía y nos conserva saludables.

La DISCIPLINA nos facilita lograr lo que tenemos que ser y debemos hacer para sentirnos bien.

La PERSEVERANCIA y la paciencia nos fortalecen, nos compensan al darnos lo mejor, lo que más nos conviene y hacen que creamos y confiemos en que todo lo que deseamos ser y hacer lo podemos conseguir: al intentar e intentar y seguir insistiendo lo lograremos, sobre todo con la sublime bendición de nuestro Dios Padre.

La TOLERANCIA nos hace respetar las opiniones, ideas, actitudes de las demás personas aunque no coincidan con las nuestras.

La COMPRENSIÓN hace que tengamos una actitud tolerante y respetuosa hacia los sentimientos y actos de nuestros semejantes y demás seres vivos.

La ESPIRITUALIDAD fortalece nuestro espíritu al tener una comunión sagrada y un vínculo espiritual con la Divinidad.

Al hacer todo eso, Dios Padre colmará de bendiciones nuestro Camino de Vida.

Donde hay vida, hay esperanza, donde hay esperanza está Dios Padre.

Nuestro rostro humano, nuestra apariencia física son transitorios, mientras nuestro espíritu se fortalece hasta llegado el momento de expresar nuestra espiritualidad y trascender más allá del tiempo y el espacio, para entrar y ser parte de la dimensión divina.

Ahora comprendo, que cuando rezo una Oración Meditativa, entiendo el significado profundo contenido en mis plegarias.

El Amor contenido en mis Oraciones Meditativas, más que desear tenerlo, lo debo expresar sin condición ni limitación alguna.

Mis Oraciones Meditativas inspiran mi Espiritu emprendedor, para emprender todo aquello que me hace sentirme satisfecho, alegre y feliz.

En mis Oraciones Meditativas tengo sobre todo un profundo agradecimiento para con el Supremo Creador, mi Dios Padre por su presencia en mi vida, su amor, paz, misericordia, perdón, su apoyo, comprensión y sus bendiciones.

El cuerpo enferma para que la salud espiritual se manifieste y se fortalezca, solo así el cuerpo recuperará la salud al disponer de la medicina adecuada, que de inmunidad ante la enfermedad, recuperando la salud integral (física, mental, emocional, espiritual).

Investigaciones y reflexiones científicas sobre la Oración Meditativa han descubierto y demostrado el mecanismo material de tal expresión divina.

Una Oración Meditativa es un medicamento poderosísimo.

La Oración Meditativa no sólo regula todos los procesos del organismo humano, sino que también repara la estructura de las conciencias más afectadas.

La humanidad no puede vivir plenamente sin orar. En la Oración encuentra remedio a sus pesares, consuelo a sus aflicciones, esperanza en su desesperación.

En la Oración está la fuente de energía espiritual que fortalece al ser humano para seguir con buen ánimo y actitud positiva su peregrinaje por el camino de la vida.

Podemos perder cosas materiales, pero jamás la esperanza de un nuevo amanecer, de un comienzo con un Espíritu Emprendedor capaz de hacer frente a la adversidad y de reconstruir aquello que ha sido destruido por diversas circunstancias.

Mi ORACIÓN es mi plegaria;

Mi PLEGARIA es mi oración.

La FE es la fortaleza de la Oración Meditativa. La Oración Meditativa es tener Fe en nuestras plegarias.

La Fe, es el convencimiento íntimo y esa confianza que no se basa en la razón o la experiencia, sino en la voluntad y libertad para lo que deseamos emprender y poder lograr el éxito esperado.

La Fe no mueve montañas, mueve voluntades, para sumarlas y coordinar esos esfuerzos que nos faciliten aquellos logros que dignifiquen la naturaleza humana.

La Fe despierta consciencias, para ser conscientes de nuestras realidades y hacer los cambios necesarios para perfeccionar nuestra personalidad.

La Fe se enciende con el amor, para comprender que nada sucede sin un propósito que le da sentido a la vida y la trascendencia que debe tener.

La Fe, es comprender que tenemos un Padre Celestial, amoroso, comprensivo, misericordioso, protector, que nos bendice, que desea lo mejor para nosotros aunque no lo entendamos en su momento.

La Fe, es esa fortaleza de corazón, para superar obstáculos y cualquier situación que las circunstancias de la vida nos presenta en nuestro camino.

La Fe, es tener la esperanza y la paciencia de que todo tiene su momento de ser y su razón de hacer.

AMOR Y AMISTAD

Amor

El Amor es la naturaleza del Creador, la esencia de su Espíritu. Dios es amor, el Amor es Dios.

El Amor se expresa.

La Felicidad se comparte.

La Esperanza se espera.

La Alegría se contagia.

Las Bendiciones se dan y se reciben.

La Espiritualidad se descubre.

La Generosidad se derrama.

La Inspiración se presenta.

La Motivación se genera.

Las Conciencias se despiertan.

Las Inteligencias se ejercen.

Las Oportunidades se aprovechan.

Ser consciente del Amor de Dios Padre es vivir y convivir en paz, con seguridad y armonía.

El amor contenido en nuestro ser lo debemos expresar a la vida, sin condiciones ni limitación alguna.

El Amor, sin duda, es el sentimiento, la emoción, el estado por excelencia.

Sin Amor, estaríamos muertos, es el amor hacia la vida, nuestros semejantes, nuestro trabajo lo que nos mantiene ilusionados, felices, vivos, con ganas de vivir, de convivir.

El ser humano no debe perder la esperanza de vivir y convivir en un mundo donde prevalezca el amor, la paz, la libertad, la alegría de vivir y convivir, la cooperación, la confianza, el respeto.

El Amor consta de un alma presente en un cuerpo y de un corazón que reside en dos almas.

El Amor no somete voluntades, es la libertad de ser la persona que en realidad se es.

Amistad

La Amistad es un regalo del amor verdadero. Tanto el Amor como la Amistad se dan con sentimiento, y esto sólo será posible si hay reciprocidad.

La señal externa de una amistad profunda es una sonrisa verdadera.

Una buena amistad es consuelo en la tristeza, comprensión, apoyo, solidaridad y alegría en nuestras convivencias.

La amistad la debemos nutrir constantemente, pues corre el riesgo de debilitarse; la debemos cuidar con todo el respeto que se merece si no queremos perderla.

En nuestro camino de vida, debemos mantener ese vínculo sagrado que es la amistad. Por tal razón, debemos invertir nuestro tiempo para fortalecer esos lazos de amistad.

La credibilidad, la confianza, la solidaridad, el apoyo son los cimientos y fortalezas de la Amistad.

La soledad es el precio que se tiene que pagar cuando no se valora la riqueza de la amistad.

Tratemos a cualquier persona como si fuera un amigo, así nunca nos faltará compañía o una ayuda cuando la necesitemos.

La amistad es un milagro del amor, que se refleja en el corazón
del amigo con quien se convive en momentos fugaces,
dejando bellos recuerdos que perduran a través
del tiempo y los espacios.

PAZ INTERIOR

Nuestra paz interior, tranquilidad mental y armonía emocional
valen más que tener razón. El creer que somos dueños
de la verdad nos hace ser menos felices.

Conservar nuestra armonía emocional es preservar nuestra paz interior.

¿Qué tenemos que hacer para tener paz interior...?

Nuestra paz interior es el resultado de reconocer nuestros errores y equivocaciones, faltas de respeto, agresiones, ofensas, y perdonar de corazón, olvidando las injurias recibidas.

La memoria de un buen corazón perdona, olvida, elimina los malos recuerdos y sublima los buenos, y gracias a eso logramos vivir y convivir en armonía, así como disfrutar de una paz interior que refleja un espíritu alegre y feliz.

Nuestra paz interior se manifiesta cuando vivimos con amor el presente, cuando hemos perdonado el pasado, cuando tenemos esperanza en el futuro.

Tenemos paz interior al ser conscientes de lo que somos y hacemos.

Nuestra vida cambia cuando logramos tener paz interior.

Algún día llegaremos a una edad en la que la paz interior será más importante que una relación tóxica, llena de problemas.

Nuestra paz interior es una prioridad, no debemos permitir que los comportamientos de otras personas nos afecten.

Al despertar nuestra conciencia espiritual, sensibilizamos nuestro corazón para sentir la serenidad de nuestra paz interior; esto nos permite visualizar esa luz que nos ilumina y guía en nuestro camino hacia el reencuentro con nuestro Padre Celestial.

LIBERTAD

Simplemente vivamos nuestra vida a plenitud, con libertad de ser y hacer todo aquello que nos dé satisfacciones e influya de manera positiva en nuestro Camino de Vida.

Dejemos ser esa maravillosa persona que está dentro de nuestro Ser.

La libertad es dejarse llevar, fluir por la vida sin límites; consiste en no tener miedo.

¿Tenemos libertad o somos esclavos de nuestros miedos?

La necesidad de control aparece con el miedo al cambio y a la inseguridad emocional: ahí hablan nuestro ego y nuestra lógica, y, en consecuencia, nuestra resistencia a la libertad de ser y hacer.

Al imponer creencias ideológicas y dogmas religiosos y políticos a nuestros semejantes, les privamos de la libertad de ser y hacer todo aquello que consideran bueno para su vida y convivencia humana: los hacemos ser prisioneros de sus dudas existenciales.

La responsabilidad es el precio que tenemos que pagar por ser libres.

Quienes han superado sus miedos son realmente libres.

Libertad de ser y de hacer es ser plenamente libres.

Los seres humanos son libres cuando así lo deciden.

Poder ser y hacer lo que realmente queremos ser y hacer, sin que nos encadenen nuestros temores, es en sí la libertad.

No existe nada que nos impida tener una mente libre de expresarse.

Por disposición divina, tenemos libre albedrío para ser y hacer, y no debe haber nada ni nadie que lo impida.

Vivir con libertad, ser libre no sólo es romper las cadenas de la esclavitud mental, sino vivir respetando la libertad de nuestros semejantes y de los demás seres vivos.

PLENITUD

Uno de nuestros retos debe ser la búsqueda permanente de la excelencia y plenitud existencial.

La plenitud existencial nos permite vivir la vida con esa paz interior que es capaz de expresar una personalidad más disciplinada, así como con nuestros semejantes y los demás seres vivos en armonía, de una manera responsable y respetuosa, en un entorno que dignifique y enaltezca nuestra naturaleza humana.

Podemos llegar a la excelencia y plenitud existencial...

Ser uno con la vida, vivir con plenitud y excelencia existencial es tener una conexión espiritual que abra nuestra mente, despierte nuestras conciencias, para ejercer nuestras inteligencias.

Sentirse pleno es disfrutar de las maravillas de la vida, vivir cada instante con total plenitud, libertad y pasión, amar intensamente todo lo que nos haga felices y transformar cada experiencia en algo mágico e irrepetible.

Para lograr un estado de felicidad, excelencia y plenitud en todo lo que nos rodea, es preciso comprender qué significa con exactitud el dejar que la vida fluya plena y libremente en nuestra persona.

Nuestra vida alcanza la plenitud cuando separamos lo material para contemplar la belleza intelectual.

Detrás de nuestros pensamientos y sentimientos, está una sabiduría desconocida, es la plenitud.

La plenitud, de cierta manera, es habernos enamorado de la vida, una vida que nació de un amor pleno que nos hará disfrutar totalmente el ocaso de nuestra vida.

Deben estar bastante agradecidos quienes han llegado a la plenitud de su vida, disfrutando lo que han vivido y convivido durante su existencia.

Quejarse de todo y de todos es sentirse una víctima, es un cáncer que aniquila nuestro valioso tiempo y nos impide disfrutar de nuestra plenitud.

Llega un momento en nuestra vida en que sentimos una sublime plenitud, eso es por causa del amor que vivimos y expresamos en la vida.

INMORTALIDAD Y TRASCENDENCIA

Nuestro cuerpo es mortal; el espíritu, inmortal. El espíritu trasciende a través del tiempo y los espacios, para adoptar un nuevo cuerpo, en otra vida, y seguir su proceso de purificación.

Inmortalidad

El camino a la Inmortalidad es vivir una vida plena que valga recordar.

La muerte es sólo un espejismo de la inmortalidad.

Nuestra esencia espiritual nos hace ser inmortales.

La inmortalidad es vivir una vida realizando el bien, dejando huellas indelebles en el camino de la vida.

La inmortalidad es un privilegio para quienes perseveraron en hacer cosas buenas en su vida terrenal.

La inmortalidad son esos buenos y bellos recuerdos que uno deja para la posteridad.

La esencia de la inmortalidad es el despertar de nuestra conciencia espiritual.

La inmortalidad es un misterio con muchos enigmas existenciales que el ser humano ha tratado de descifrar en las vidas que ha vivido.

Trascendencia

El Espíritu trasciende al momento en que el cuerpo ha exhalado su último aliento de vida.

Sólo el espíritu de amor y el agradecimiento de una noble alma puede trascender.

El comienzo de la sabiduría es la trascendencia del silencio.

La trascendencia espiritual transforma los apegos rigurosos del ego en la aceptación de uno mismo, de sus semejantes y de los demás seres vivos.

El proceso espiritual se trata de trascendencia espiritual, no humana.

Ser lo que somos, convertirnos en lo que podemos ser es trascender en la vida.

Nunca será demasiado tarde en nuestra existencia humana si todavía podemos encontrar un sentido fascinante en nuestras vidas, incluso si dejamos de tener una ambición de trascendencia.

La trascendencia del espíritu es creer en uno mismo, en los demás; si hacemos eso, podemos hacer que todo lo bueno suceda.

Ignorar la oscuridad no la disipa; sólo la luz lo hace. Esa es la diferencia entre negación y trascendencia.

ESPIRITUALIDAD

*El Supremo Creador es la fuente inagotable de amor que
provee al espíritu del ser humano y le da plena
libertad para expresar su espiritualidad.*

Las reflexiones evolucionan mentes, perfeccionan la personalidad, hacen que el ser humano se acerque más a la espiritualidad.

¿Qué tanto tenemos que hacer para desarrollar nuestra espiritualidad?

En el silencio de la espiritualidad surge la inspiración y lo místico para darle sentido al espíritu del ser humano.

La espiritualidad se manifiesta cuando escuchamos esa voz silenciosa en nuestro corazón, que proviene de la mente universal, para fortalecer nuestro espíritu y tener una comunión sagrada y un vínculo espiritual con la divinidad.

Nuestro camino, nuestra vida, nuestras decisiones tienen la bendición, el amor y sabiduría de la espiritualidad de Dios Padre para trascender en el infinito de la creación.

Cuando somos conscientes de la influencia que tiene la espiritualidad en nuestra vida, percibimos el mundo mediante nuestro espíritu.

Un vínculo espiritual está sustentado en creencias, sin que importe con qué divinidad se tiene ese vínculo.

Nuestra vida comienza a tener significado cuando somos conscientes de nuestra espiritualidad.

La bondad, el agradecimiento, el perdón son una de las maneras de saber que nuestra espiritualidad está presente en nuestra vida.

La espiritualidad no es ir adoptando más creencias, ideologías, dogmas, doctrinas, que nos confundan.

Sabemos de nuestra espiritualidad cuando somos conscientes de cómo reaccionamos ante las acciones ofensivas de nuestros semejantes.

El sublime amor de Dios Padre, nuestra gratitud, el despertar de nuestras conciencias nos abre la dimensión espiritual para que se dé una conexión divina con el Santo Espíritu de Dios Padre.

La paz espiritual procede de ser conscientes del inmenso poder que tiene en nuestra vida la espiritualidad, que nos enseña cómo liberarnos de nuestros miedos, odios y resentimientos.

Nuestra felicidad no es una recompensa, dependerá de lo que podamos dar, no de lo que logramos o conseguimos en la vida.

Nuestro sufrir no es un castigo, es una consecuencia de involucrarnos con personas y situaciones tóxicas.

No tenemos por qué ser víctimas de sufrimientos innecesarios; debemos fluir con cualquier situación que vivamos en la vida.

Dejemos que nuestra mente libre y la armonía emocional acepten lo que nos suceda; en un momento de iluminación entenderemos que todo lo que ocurre en la vida es por una razón, aunque de momento no lo comprendamos.

Cuando nuestros pensamientos y sentimientos son bondadosos, creamos amor. Cuando nuestras palabras tienen bondad, somos dignos de credibilidad y confianza.

Nuestra encomienda espiritual no es ignorar la oscuridad,
sino encender nuestra luz para iluminarla.

Toda decisión del ser humano tiene una fuerza dinámica,
que se expresa e influye en las sucesivas vivencias
existenciales del ser humano
en su camino de vida.
-Írbiloc7-

CONCLUSIÓN

La Conclusión de este libro es que cada
lector tendrá su propia conclusión.

El título de esta obra: *Mi camino, la vida, nuestras decisiones* también podría haber sido "Nuestro camino, nuestra vida, nuestras decisiones", porque cada ser humano es una personalización de la vida, una persona que debe ser responsable y tener libertad de andar su camino, de vivir su vida y tomar sus decisiones.

El propósito de este libro es orientar, no imponer. Su finalidad: despertar conciencias, ejercer inteligencias, vivir una vida con principios éticos y valores morales, así como valorar el tiempo y el agradecimiento.

La sabiduría de la humanidad se encuentra dentro de un código genético. Cada persona debe descifrar ese código para encontrar la sabiduría en toda decisión que vaya a tomar.

Como escritor soy responsable de lo que escribo; como lector soy responsable de lo que leo.

Tanto escritor como lector, debemos ser muy selectivos con lo que escribimos, con lo que leemos.

Como escritor, me doy cuenta de que algo que escribí se debe cambiar, me lo dice mi conciencia de escritor.

Hagamos nuestros los conceptos, las frases, las palabras aquí escritas, todas las que consideremos de beneficio para nuestro camino, nuestra vida, nuestras decisiones.

TOMA DE DECISIONES. Lo que hagamos o dejemos de hacer es una decisión.

NUESTRO TIEMPO. El tiempo es de lo más valioso que tiene el ser humano.

FRECUENCIA ENERGÉTICA. Vibremos en una frecuencia energética positiva.

CONCIENCIAS. Ser conscientes de nuestras conciencias nos da sabiduría.

INTELIGENCIAS. Si ejercemos nuestras inteligencias, tendremos éxito.

ORACIÓN. Medio con el que tenemos un vínculo espiritual con Dios Padre.

AGRADECIMIENTO. Ser agradecido es dar gracias por lo que tenemos.

Vivimos en un mundo misterioso, donde cada ser humano es su propio mundo.

Cada persona vive su propia vida, una vida de enigmas existenciales, preguntas que necesitan de respuestas para descifrar la misión personal de cada uno.

Hasta que lleguemos a comprender lo indispensable e importante de nuestra existencia, la influencia que tenemos en nuestros semejantes y los demás seres vivos, será cuando sintamos esa paz interior que nos dará la satisfacción de estar cumpliendo con nuestro propósito de vida y la misión que Dios Padre nos encomendó en esta vida.

Nuestra vida es un misterio con enigmas existenciales.

¿Cuántas vidas tendremos que vivir para purificar nuestro espíritu?: hasta que podamos estar en la presencia del Supremo Creador, nuestro Dios Padre.

No hay nada en nuestras páginas de la vida que antes no haya estado en la mente universal, de donde emana la sabiduría de los grandes pensadores, esa que influye en nuestra mente creativa y cuya originalidad personaliza lo que la inspiración de dicha mente nos hace escribir.

Lo que escribimos algunas veces proviene de la inspiración divina; otras, de la creatividad e innovación; unas más, de palabras que fluyen del corazón a causa de lo que sentimos, pensamos, reflexionamos, leemos y alguna vez lo vivimos.

Nuestro cuerpo es mortal; nuestro espíritu, inmortal.

Mientras tanto, sigamos siendo aprendices de la vida, tenemos bastante que descubrir y enseñar, y mucho que vivir.

No fue nada fácil escribir este libro, pues no basta con decir "soy un escritor", hay que saberlo ser: momentos de inspiración, horas de reflexión, una pasión por plasmar mis letras, ideas, para compartir mis percepciones sobre cada tema; todo, pensando, reflexionando y, al final, narrando en este medio.

Me siento realizado y contento al concluir esta edición. Si lo que he escrito ha hecho disfrutar, al menos, a un solo lector, con eso estoy más que agradecido y satisfecho.

La vida es un don de Dios Padre, renovado cada mañana y que debe ser recibido con un corazón agradecido. Así es la vida, la vida es así. Vivámosla de la mejor manera posible.

INVITACIÓN

Amable lector, te hago una especial invitación, de todo corazón, para que sumemos voluntades y coordinemos esfuerzos para hacer realidad un sueño llamado EDDEN. Busca tu generosidad en tu corazón y manifiéstala para ser parte de este gran proyecto humano.

El sueño son residencias venerables en el EDDEN, un paraíso para quienes se han jubilado de su trabajo, no de la vida, esos adultos venerables que merecen pasar los últimos años con una calidad de vida en las mejores condiciones posibles, que compensen de alguna manera sus años vividos de trabajo, sufrimiento y dolor.

Cada persona, tarde o temprano, se hará la siguiente pregunta: ¿quiénes se van a hacer responsables de mis cuidados cuando llegue a la edad de depender para sobrevivir? Cada una tendrá su propia respuesta.

Los grandes proyectos, las ideas que transforman mentes y cambian vidas, sólo los emprendedores con inteligencia organizacional logran hacerlos exitosos.

Cuando las personas valoran más su generosidad y la encauzan para obras de bienestar, muestran su buen corazón, lo que hace realidad los grandes sueños del ser humano.

Cada persona toma decisiones, la vida también.

Si nuestras decisiones no causan malestar, las decisiones de la vida tampoco.

Ten presente pensar antes de decidir. El tomar una buena decisión es preguntarse lo siguiente: ¿es buena para mí, para los demás?, ¿no causa daño alguno? Eso es una muy buena decisión.

Lector emprendedor:

Si crees que los temas tratados en este libro te han ayudado para facilitarte tu camino de vida y sobre todo tu toma de decisiones, ayúdame a que más personas tengan esa oportunidad.

Te propongo e invito a ser parte importante de: RIE, que es una red de inteligencia emprendedora para optimizar el proceso de enseñanza /aprendizaje, consiste en este caso, el que hagas posible que siete personas tengan este libro.

A cambio recibirás sin costo una dinámica de retroalimentación sobre un determinado tema del libro, para que te facilite aún más su comprensión y aplicación de su contenido en tu caminar por la vida y en las decisiones que tomes.

¡Tú decides! Solo sigue tu corazón, intuición y sentido común. "Para convencer se debe estar plenamente convencido".

*Las palabras despiertan conciencias; las acciones mueven
voluntades y coordinan esfuerzos. Mientras mucho
hablamos y nada hagamos, las palabras
pierden sentido.*
-Írbiloc7-

BIBLIOGRAFÍA

Los conocimientos y las experiencias son el legado que la humanidad ha recopilado a través de los tiempos, para que las generaciones futuras hereden lo que por derecho les corresponde.

El contenido de esta obra se redactó, someramente, a partir de interpretaciones sobre escritos de grandes personajes de la historia, escuchando las diversas percepciones que sobre la vida tienen dichos ilustres seres.

Asimismo, con un sinnúmero de escritos propios desarrollados por más de 40 años, basados en mis discernimientos y reflexiones sobre comportamientos conductuales, desarrollo humano, crecimiento personal y expresión espiritual.

Los conocimientos, experiencias, escritos que la humanidad ha compartido en su historia son propiedad universal. Si otros ya han recorrido ese camino, por qué no aprovechar esas experiencias y escritos, perfeccionándolos a nuestras necesidades.

GRACIAS, MUCHAS GRACIAS, ESTIMADO LECTOR, POR LA ADQUISICIÓN DE ESTE LIBRO. ESTOY A TUS ÓRDENES.

Julio Novoa Menchaca

ORACIÓN DEL ESCRITOR

Dios mío, Padre nuestro.

Bendice las palabras que emanan del corazón.

Conecta mi intelecto con la mente universal de la
sabiduría, para que fluya la inspiración
en mi creatividad.

Haz que sea posible que tu Santo Espíritu, ilumine,
inspire y oriente mi espíritu de escritor.

Despierta mis conciencias para expresar mi libertad
de expresión al sentir y darle significado
y trascendencia a la palabra escrita.

Que mi inspiración sea sublime, humilde y
trascendente al tener claridad en lo
que deseo escribir.

Mi creatividad se haga presente al escribir con
palabras que emanan del corazón y poder
narrar expresando mi sentir.

Gracias te doy por el privilegio de escribir y escuchar
tu voz silenciosa que escucha mi corazón,
para seguir escribiendo con alegría,
sentimiento y pasión. Amén.

-Írbiloc7-

JULIO NOVOA MENCHACA

Más que un profesionista, soy un aprendiz de la vida, un idealista rebelde, pero en sí, un realista, un emprendedor de sueños de sólidas convicciones, de retos y de logros.

Tengo los suficientes conocimientos y experiencias para considerarme una persona que aprovecha las oportunidades que ofrece la generosidad de la vida. Un emprendedor que aplica su inteligencia de manera organizada en un proceso administrativo, para tener éxito en lo que emprende.

septimocolibri.com

Made in the USA
Columbia, SC
25 September 2022